Manuel Stinglhammer
Konrad Bürgermeister

Den Kopf
in den Himmel stecken

Gott aufspüren in Gebet und Liturgie

Bausteine für Kinder und Jugendliche
in Schule, Gemeinde und Familie

mit Beiträgen von
Dagmar Cuffari und Rachel Sima

Impressum

2. Auflage, 2008
© Verlag Josef Duschl, Winzer 2008
Alle Rechte vorbehalten; Veröffentlichungen jeglicher Art,
auch auszugsweise, nur mit Genehmigung des Verlages
Fotos: Manuel Stinglhammer (S.34, 52, 56, 64, 68, 80 oben links)
         Herbert Simböck (S.80 oben rechts)
         Josef Duschl (S.80 unten rechts und links, 84, 85, 91)
Titelgestaltung: Hans-Peter-Eggerl
printed in Germany

ISBN: 978-3-937438-82-5

Inhaltsverzeichnis

1 DER EIGENEN SEHNSUCHT AUF DER SPUR

2 DIE SEHNSUCHT VOR GOTT TRAGEN

3 DIE SEHNSUCHT IN BIOGRAFIEN CHRISTLICHER GESTALTEN AUFSPÜREN

4 VON DER SEHNSUCHT IN DER LITURGIE

Vorwort

Den *Kopf in den Himmel stecken* heißt aufatmen können. Der Duft der Weite und Freiheit wird spürbar und lädt ein, die Orte der Sehnsucht in uns selbst aufzusuchen. Zu diesen Winkeln unserer Seele machen wir uns auf den Weg, spüren sie auf in Gebet und Liturgie und „stecken" sie in „den Himmel", bringen sie zu und vor Gott. Denn der Mensch wird erst dann Mensch und kann ganz zu sich und zu anderen finden, wenn er sich auf das große „Du" Gottes einlässt, wenn er zu beten und zu feiern beginnt.

Papst Benedikt XVI. beschreibt – in Anlehnung an Augustinus – das *„Gebet als Übung der Sehnsucht"*[1] und als wesentlichen *„Lernort der Hoffnung"*. *„Wenn niemand mehr mir zuhört, hört Gott mir immer noch zu. Wenn ich zu niemand mehr reden, niemanden mehr anrufen kann – zu Gott kann ich immer reden. [...] Wenn ich in eine letzte Einsamkeit verstoßen bin: Der Betende ist nie ganz allein."*[2]

Gerade die Sehnsucht, die den Ausgangspunkt aller Elemente des Buches bildet, ist die Wurzel der Gottesbeziehung. Und täuschen wir uns nicht, es ist viel mehr Sehnsucht und Beten unter uns als wir gemeinhin annehmen. Freilich oft verborgen, unausgesprochen und verbannt ins Private. Möglicherweise liegt hier das eigentliche Elend des Betens, dass der einzelne „in seiner Bemühung vereinsamt"[3].

Bei allem Beten befinden wir uns im Spannungsfeld von persönlichem und gemeinschaftlichem Tun. Beide Seiten können und dürfen nicht gegeneinander ausgespielt werden, vielmehr tragen, erweitern und durchdringen sie sich gegenseitig. Das Gebet muss *„einerseits ganz persönlich sein, Konfrontation meines Ich mit Gott, dem lebendigen Gott. Es muss aber andererseits immer wieder geführt und erleuchtet werden von den großen Gebetsworten der Kirche und der Heiligen, vom*

---

[1] Enzyklika SPE SALVI von Papst Benedikt XVI. vom 30. November 2007 an die Bischöfe, an die Priester und Diakone, an die gottgeweihten Personen und an alle Christgläubigen über die christliche Hoffnung, hg. vom Sekretariat der Deutschen Bischofskonferenz (Verlautbarungen des Apostolischen Stuhls 179), Bonn [3]2008, Nr. 33.

[2] Ebd., Nr. 32.

[3] Zink, Jörg, Wie wir beten können, Stuttgart [8]1978, 5.

liturgischen Gebet, in dem der Herr uns immer wieder recht zu beten lehrt."[4]

Das Buch stellt praktisch erprobte Formen von Gebet und Feier vor, in denen Kinder, Jugendliche und Familien ihrer Sehnsucht Ausdruck verleihen, „den Kopf in den Himmel stecken" können, damit sich das eigene Leben mit der Lebensfülle Gottes verwebt.

Dabei folgen die Elemente, die ab der 3. Jahrgangsstufe, sowie für alle weiterführenden Schularten geeignet sind, einem stets gleichen Aufbau: Zunächst werden **allgemeine Informationen** gegeben, die primär für den Leiter bzw. die Leiterin gedacht sind (grauer Bereich). Darauf folgen **Bausteine**, die grundsätzlich aufeinander aufbauen, mit denen aber auch flexibel umgegangen werden soll. Schließlich sind **Texte und fertige Kopiervorlagen** für die Teilnehmer abgedruckt.

Der erste Teil des Buches will die **eigenen Sehnsüchte aufspüren** und den Weg in die Tiefe eröffnen.

Der Akzent des zweiten Teiles liegt verstärkt darin, das eigene Herz vor Gott auszuschütten und seine Hoffnungen **im Licht Gottes anzuschauen**.

Der dritte Teil versucht die eigene Sehnsucht (nach Orientierung) in den **Biographien von biblischen Gestalten und Heiligen** zu entdecken und Modelle gelingenden Lebens vorzustellen.

So bemüht sich schließlich der vierte Teil, **die eigenen Sehnsüchte in der Liturgie wiederzufinden**, die ja im gottesdienstlichen Geschehen tief verankert sind, wenn auch viele den Eindruck haben, „dass da eine Sache vorgetragen wird, die nichts mit ihnen zu tun hat und weit von ihren Sehnsüchten und Hoffnungen entfernt ist."[5] Diese Tatsache berücksichtigend sollen Wege zu ‚liturgischen Urvollzügen und Urworten' eröffnet werden.

Dabei orientiert sich der Aufbau dieses Teils am Verlauf der Messfeier. Die Bausteine wollen keine bloße Erklärung der Messe sein, sondern in Gebet, Besinnung und Feier einzelne Elemente selbst erschließen, also im guten Sinn Mystagogie sein.

Die Elemente zur Liturgie erheben erstens keinen Anspruch auf Vollständigkeit und zweitens können und wollen sie nicht die Urvollzüge in

---

[4] Enzyklika SPE SALVI, Nr. 34.
[5] Rotzetter, Anton, An der Grenze zum Unsagbaren. Für eine zeitgemäße Gebetssprache in der Liturgie, Ostfildern 2002, 10.

ihrer ganzen Weite erschließen. Es kann immer nur ein Aspekt herausgehoben und vertieft werden. Bei allen Ideen soll die eigene Kreativität angeregt werden, um Ungeahntes – das Leben selbst – in unseren Gottesdiensten (neu) zu entdecken.

Keinesfalls wollen wir vergessen: Immer ist es Gott, der unserem Tun mit seiner Gnade zuvorkommt (Karl Rahner), der zuerst wirkt und liebt, ehe wir zu handeln beginnen. Bei allem Bemühen in Schule, Gemeinde und Familie dürfen wir auf ihn vertrauen und – bei allen Schwierigkeiten und Problemen – dankbar sein für jede geglückte „Halbheit".

Ein herzlicher Dank geht an Domvikar Dr. Bernhard Kirchgessner, Leiter des diözesanen Zentrums für pastoralliturgische Bildung, für die kritische Durchsicht des liturgischen Teils und viele hilfreiche Hinweise. Hans-Peter Eggerl hat die Titelseite entworfen und gestaltet und Sebastian Stinglhammer sich der mühevollen Arbeit des Korrekturlesens unterzogen. Schließlich gilt unser Dank auch dem Verleger Josef Duschl für seinen Rat und seine Unterstützung.

Bei den Versuchen mit Kindern und Jugendlichen „den Kopf in den Himmel zu stecken", wünschen wir allen Verantwortlichen in Gemeinde- und Jugendarbeit, den Lehrerinnen und Lehrern einen langen Atem und den Segen Gottes, in dessen Hand unser Bemühen liegt.
Gehen wir in den Schulen, in unseren Familien und den Gruppen unserer Pfarreien den Weg der Hoffnung *„gerade auch in dem Sinn, dass wir die Welt für Gott offen halten. Nur so bleibt sie auch wahrhaft menschlich."*[6]

Manuel Stinglhammer   Konrad Bürgermeister

---

[6] Enzyklika SPE SALVI, Nr. 34.

Tipps zum Umgang mit diesem Buch

Intimsphäre achten bedeutet Respekt!
Die Achtung vor der Intimsphäre des Einzelnen ist unabdingbar, gerade wenn es um persönliches Beten geht und Kinder und Jugendliche ihren innersten Kern Gott offenbaren. Dies beinhaltet, dass Schülerinnen und Schüler ihre formulierten Gedanken laut sagen dürfen, aber keinesfalls müssen.

„Gestalte..." bedeutet Freiheit!
„Gestalte" beinhaltet einen möglichst großen Freiraum und berücksichtigt die Individualität des Einzelnen. Dazu gehört u.a.: Schreiben unter Verwendung besonderer Schriftarten und Farben, Gestaltung durch zeichnerische bzw. malerische Elemente, schneiden, kleben, sich ausschließlich mit Farben ausdrücken usw.

Meditative Hintergrundmusik verhilft zu einer ruhigen Atmosphäre!
Bei vielen Elementen, in denen Kinder und Jugendliche einige Zeit für sich selbst nachdenken, formulieren, gestalten oder beten, kann meditative, leise Hintergrundmusik den Charakter der Einheiten stärken und zu einer Atmosphäre der Ruhe beitragen.

Anweisungen sind Stütze, keine Fessel!
Die Arbeitsaufträge und Anweisungen (Bausteine) sind als Hilfe zu verstehen und nicht als unumstößliche Vorgaben. Sie sollen vielmehr die eigene Kreativität wecken, denn die Elemente müssen immer auf die eigene Situation angepasst werden.

 heißt Erläuterung und Brückenschlag!
Die mit diesem Symbol gekennzeichneten Passagen sind Erläuterungen, die als Erklärung seitens des Leiters oder der Lehrkraft gedacht sind und kurz und bündig eine Brücke von der Sehnsucht zu den liturgischen Elementen schlagen.

Schreibbilder
Im Schreibbild sollen die Schüler und Schülerinnen einen Begriff oder Ausdruck in einem vorgegebenen Rahmen so schreiben, dass in der Art und Weise des Schreibens und Anordnens die Bedeutung des Begriffes zum Ausdruck kommt.

Einsamkeit

1

Der eigenen Sehnsucht auf der Spur

Jeder Schüler sitzt vor uns als Individuum mit seinen ureigenen Bedingungen und Erfahrungen. Unser Unterrichten und unsere Seelsorge gelten ihm. Die Frage für uns Lehrerinnen und Lehrer heißt: Wer sitzt da eigentlich vor uns? Was braucht das Kind, der Jugendliche? Wir sind in Sorge, dass ihm Leben glückt. Es macht in diesem Zusammenhang Sinn, die Kinder und Jugendlichen immer wieder ‚bei sich nachschauen' zu lassen. So werden sie sich ihrer Einstellungen und Sehnsüchte bewusst, gehen erste Schritte auf dem Weg in die Tiefe und haben die Möglichkeit, ihre Anliegen vor Gott zu tragen.

B AUSTEINE

➡ Wir **lesen** die Satzanfänge reihum, dabei wird einer nach dem anderen aufgeblendet.

➡ **Führe** drei bis fünf der angefangenen Sätze auf einem Blatt mit deinen eigenen Gedanken weiter.

➡ Gib ihnen je nach Wichtigkeit eine **Platzziffer.**

➡ Warum ist das zur Zeit so, wie du schreibst? Gibt es Menschen, die an deiner Situation beteiligt sind?

➡ Am Beginn der Sätze kannst du **Gott** ins Spiel bringen: Lieber Gott, ...

➡ Die Schülerinnen und Schüler dürfen einen oder mehrere ihrer Sätze vorlesen (freiwillig!). Dabei wird die je eigene Situation ins **Gebet** genommen und vor Gott gebracht.

Am meisten macht mir zu schaffen ...

Hoffentlich ...

Ich habe Angst ...

Ich bin traurig ...

Oft denke ich ...

Ich kann nicht verstehen ...

Mir ist wichtig, dass ...

Warum nur...

Ich gäbe viel, wenn ...

Gerne ...

Ich wünsche mir ...

In Zukunft ...

SEHNSUCHT nach Lebensfreude

Wenn ich ein Wort zu wählen hätte

BAUSTEINE

➡ **Suche** drei Wörter, die dich ansprechen und gib ihnen eine Reihenfolge.

➡ **Schreibe weiter:** Z.B. Ich mag das Wort leise, weil...

➡ **Denke und bete:** Guter Gott, du siehst, welche Wörter ich heute gewählt habe. Du weißt schon längst, was ich brauche und mir gut tut.

---

behutsam   offen   Leichtigkeit

Lebenslust   Schokoladenseite

Achtsamkeit   Engel   zärtlich

Harmonie

Vergissmeinnicht   super   funkeln

Stolperstein

Heimweh   Paradies

Sommerliebe   Fürbitte   danke

leise

Sonntagslaune   Mitgefühl   unendlich

Dunkelheit

Feder   Streicheleinheiten

Anmut

zu Hause   Habseligkeiten

bunt   ach   Mutter   Gefühl

Frieden

Sehnsucht   Heiterkeit   frei

Augenstern

Hauch   Kinder

SEHNSUCHT nach Lebensfreude

**Ein Wort, das
ich mir wünsche**

B A U S T E I N E

➡ **Lies** alle Wörter.

➡ **Wähle** ein Wort, das du dir wünschst.

➡ **Gestalte** zu deinem Wort ein Schreibbild in den Rahmen.

➡ **Besprich dich mit Gott**, warum dir dieses Wort heute wichtig ist.

➡ **Sammelt** die Worte aus eurer Klasse und schmückt damit euer Klassenzimmer.

Ruhe

Ausgeglichenheit

Weisheit

Sanftmut

Verständnis

Herzlichkeit

Sterne

Mut

Feier

Licht

Sonne

Glanz

Gelassenheit

Glück

Wohlwollen

Sonnenstrahlen

Pause

Geschenk

Zufriedenheit

Güte

Geborgenheit

Rosen

Segen

Leichtigkeit

Gesundheit

Dankbarkeit

Wärme

Zeit

B A U S T E I N E

➡ **Fülle** eines oder mehrere Kästchen **aus**.

➡ **Warum** hast du dieses Wort bzw. diese Wörter gewählt?

➡ **Welche Situation(en)** verbindest du mit diesem Wort bzw. diesen Wörtern?

➡ **Gestalte** das gewählte Wort in einem Schreibbild oder in Farben!

➡ **Schreibe** den Satz **weiter**!

Ich liebe das **Wort**

Ich höre sehr gern das **Wort**

Mir gefällt das **Wort**

Ich mag sehr gern das **Wort**

Die Schülerinnen und Schüler sollen bei sich ankommen, zu sich selber finden. Dazu können aus den verschiedenen Vorschlägen etwa fünf auf Folie bzw. auf einem Blatt angeboten werden. Die Kinder und Jugendlichen können auswählen und sollen dazu Stellung beziehen. Zum Abschluss werden die Gedanken ins Gebet genommen.

B A U S T E I N E

➡ **Impuls:** Heute erhalten wir ungeahnte Möglichkeiten unter der Überschrift „Angenommen...“

➡ Die einzelnen Fragen unter diesem Stichwort werden auf Folie nacheinander **aufgedeckt** und von den Schülern vorgelesen.

➡ **Wähle** eine Frage aus, die heute zu dir passt bzw. die dich anspricht.

➡ **Kreuze** die Frage, die du gewählt hast, auf der Folie an der entsprechenden Stelle an. So ergibt sich ein Überblick über die ganze Klassengemeinschaft.

➡ **Beantworte** deine Frage schriftlich auf deinem Blatt oder in deinem Heft.

➡ Dann **spricht die Lehrkraft folgende Gedanken**: „Gott hört dir zu ... Du bist ihm nicht gleichgültig ... Er interessiert sich für dich ... Wie könnte er dir sonst ausrichten lassen: Ich habe dich in meine Hand geschrieben. ...“

Hinweis: Das gleiche Vorgehen gilt auch für „Was ich dich schon immer fragen wollte“.

... du könntest einen Tag unsichtbar sein. Was würdest du tun?	
... du bekämst einen Brief. Von wem wäre er und was würde darin zu lesen sein?	
... jemand würde dich fragen, was das Wichtigste sei, das du je erlernt hast. Was würdest du antworten?	
... du könntest an dir selbst eine Sache ändern. Was würdest du wählen?	
... du hättest plötzlich den Mut, etwas zu tun, was du dich noch nie getraut hast. Was würdest du tun?	
... Gott würde dir auf eine Frage antworten. Was würdest du ihn fragen?	

... Du könntest ein anderes Leben probieren. Was würdest du tun?	
... Gott würde bei dir heute für fünf Minuten vorbeikommen. Was würdest du machen?	
... Du könntest in der Welt etwas verändern. Was würdest du ändern?	
... Du hättest die Fähigkeit, eine Sache, die dich stört, abzuschalten. Welche würde das sein?	
... Du bekämst ein Paket. Von wem? Was wäre darin zu finden?	
... Du könntest einen Tag vollkommen frei planen. Was würdest du tun?	

18

SEHNSUCHT *nach Träumen*

Eine gute Fee hat dir die Fähigkeit gegeben, eine Sache, die dich stört, abzuschaffen. Welche wäre das?	
Wann geht es dir gar nicht gut?	
Was erhoffst du dir für die Zukunft?	
Was würdest du am liebsten ändern?	
Welcher Ort ist derzeit dein Lieblingsplatz?	
Nenne zwei Dinge, die dir derzeit „stinken".	
Nenne zwei Dinge, die dir besonders Freude machen!	
In welcher Situation hast du dich total wohl gefühlt?	

Es ist faszinierend, seinen Träumen, seinen Visionen, seinen Zukunftsvorstellungen unter der Überschrift „Wo ich dabei sein will" nachzugehen. Ohne Visionen fehlt der Elan für Veränderungen. Das kommt auch in folgendem Satz zum Ausdruck: „Visionen sind die Löcher in der Decke, die uns auf den Kopf zu fallen droht." Die kleineren und größeren Kinder mögen bei dieser Überschrift und beim folgenden Text erspüren, welche Kraft ausgelöst werden kann, um Neues auf den Weg zu bringen.

BAUSTEINE

➡ NICHT VERPASSEN MÖCHTE ICH...

- An der Tafel bzw. auf der Folie wird folgender **Impuls** präsentiert: Wo ich unbedingt dabei sein möchte... Was ich auf keinen Fall versäumen möchte...

- Die Schüler erlesen den Text **Zeile für Zeile** auf Folie, dann auf dem eigenen Arbeitsblatt. Sie werden ermuntert, der eigenen Sehnsucht Raum zu geben, in dem sie die Leerzeilen **mit ihren Gedanken füllen**.

➡ WENN GOTT IN DIE WELT KOMMT, DANN...

- Wir gehen der **Vision des Jesaja** nach: So schaut es in einer Welt aus, in der Gott mitreden darf.

- Schreibe die Worte des Jesaja mit **eigenen Visionen** weiter: Menschen sehnen sich nach...

Nicht verpassen möchte ich

das Einsetzen des Tauwetters
die Rückkehr der Zugvögel
das Aufspringen der Knospen
den Aufstieg des Kometen

Nicht verpassen möchte ich

die Flucht der Mächtigen
die Auferstehung der
Schwachen.

Nicht verpassen möchte ich

den Tag, an dem alle Felder
grün sind von Hoffnung.
An dem auf allen dunklen
Wegen Kerzen leuchten.
An dem die Menschen
sehen, hören und sprechen,
den Tag, an dem Steine weich
werden.

Ich möchte dabei sein.

Anne Steinwart[7]

Nicht verpassen möchte ich...

_____

_____

_____

_____

Nicht verpassen möchte ich...

_____

_____

_____

**Nicht verpassen möchte ich den Tag,
an dem...**

_____

_____

_____

_____

Ich möchte dabei sein, wenn...

_____

_____

_____

---

[7] Aus: Andere Zeiten, Magazin 1/08, 13.

Wenn Gott in die Welt kommt, dann...

... wohnt der Wolf beim Lamm.

... liegt der Panther beim Schaf.

... weiden Kalb und Löwe zusammen.

Ein kleiner Bub kann sie hüten.

... freunden sich Kuh und Bär an.

Ihre Jungen liegen beieinander.

... spielt das kleine Kind vor dem Schlupfloch der Schlange.

Das Kind steckt seine Hand in die Höhle der Schlange.

... tut man nichts Böses mehr

und begeht keine Verbrechen.

(Jesaja 11,6-9)

_____

_____

_____

_____

_____

_____

Denn alle Menschen leben mit Gott.

Diese Methode – wohl vielen bekannt aus dem einstmaligen Jugendmagazin der Süddeutschen Zeitung – hilft „leichten Fußes" ins Bewusstsein der Schülerinnen und Schüler zu heben, wofür es sich zu leben lohnt, was sie im eigenen Leben als sinnstiftend erleben. Dies scheint besonders wichtig, da sich bei vielen Schülerinnen und Schülern die „schwarze Wolke" der Resignation und Sinnleere festsetzt. Die gelesenen Beispiele vermögen den Blick der Schüler zu weiten und die Phantasie anzuregen. Gerade bei einer solchen Auflistung ist wichtig, die Jugendlichen ernst zu nehmen und ihre Ideen gelten zu lassen. Trotzdem erscheint es m.E. sinnvoll – gerade bei älteren Schülerinnen und Schülern – Bereiche wie Sexualität und Drogen auszuklammern, um einer einseitigen Fixierung vorzubeugen.

B A U S T E I N E

➡ **Impuls**: „Wofür es sich zu leben lohnt..."
Zunächst wird nur die Überschrift als Anregung zu einem kurzen Gespräch aufgeblendet.

➡ Wir lesen die Auflistung in der Gruppe reihum.

➡ **Unterstreiche** drei deiner Favoriten dieser Liste. Du darfst deine Auswahl laut sagen.

➡ **Erstelle selbst eine Liste** mit mindestens drei eigenen Punkten.

➡ Die Ideen werden an der Tafel gesammelt, dann folgt eine Abstimmung, bei der jede Schülerin und jeder Schüler drei Punkte vergeben darf. Die fünf am meisten gewählten Ergebnisse werden auf ein Plakat geschrieben und **im Schulhaus an herausgehobener Stelle präsentiert**. Nach ein paar Tagen hat eine weitere Klasse die Möglichkeit, ihre Ideen zu veröffentlichen.

... barfuß durchs Gras laufen.

... Sommerwind.

... Lachen bis der Bauch weh tut.

... im Bett liegen und den Regentropfen zuhören.

... fliegen.

... den Anstich im Nutellaglas.

... dass es am Montag nur noch fünf Tage bis zum Wochenende sind.

... deinen Lieblingssong im Radio hören.

... Schokoladenmilchshake.

... den Sonnenaufgang beobachten.

... das Meer.

... Gewitterregengeruch.

... Sternschnuppen zählen.

... nochmals ins Bett gehen.

... shoppen.

... länger bleiben als geplant.

... Steinchen auf dem Wasser springen lassen.

... stärker sein als man glaubt.

... auf einer Schaukel schaukeln.

... im Sommer beim Baden bis auf den Grund tauchen.

... abends Schneeflocken vom Fenster aus beobachten.

... ein Päckchen im Briefkasten finden.

... bis in die Nacht telefonieren.

... Knutschflecken am Leben erhalten.

... wissen, dass dich jemand vermisst.

... eine Umarmung.

... Sonne am Himmel und im Herzen.

... durch den Rasensprenger laufen.

... Nudeln mit Tomatensoße.

... mein MP3-Player mit 1720 Songs.

... eine atemberaubende Straße entlang fahren.

... ausgeschlafen aufwachen.

2

Die Sehnsucht vor Gott tragen

Der Akzent wird hier bewusst auf die Verheißungen Gottes gesetzt, die in der Litanei ausgesprochen werden. Den Schülerinnen und Schülern wird die Möglichkeit eröffnet, den eigenen Sehnsüchten nach erfülltem Leben nachzuspüren.

BAUSTEINE

➡ MENSCHEN SEHNEN SICH NACH...

- Dazu werden **Bilder** von Menschen in belastenden Situationen ausgelegt oder gezeigt.

- **Perspektivisches Sprechen**: Die Menschen auf den Bildern haben einiges zu erzählen: Ich sehne mich ... Hoffentlich ... Gut würde mir tun, wenn ...

➡ MENSCHEN HALTEN SICH VERTRAUENSVOLL AN GOTT

- Aus der „Litanei der Freiheit" **einzelne Sätze präsentieren**.

- **Schreibe Bitten** von Personen auf den Bildern auf. Halte dich dabei an das vorgegebene Muster der Litanei: Dass ich/wir..., befreie uns o Herr!

- In einer **Klassenlitanei** werden die Bitten der Schülerinnen und Schüler zusammengeführt und münden in ein Gebet.

➡ GEBETSELEMENT ZUR MORGENBESINNUNG

- Die Litanei wird reihum, im Wechsel der Bankreihen oder abwechselnd zwischen Mädchen und Jungen **vorgetragen**. Dabei wird das „Befreie uns, o Herr" zum Gebetsruf aller.

- **Denke an einen Menschen**, der dir am Herzen liegt und sprich in Gedanken einen Satz für ihn.

- Schau auf diese Woche: **Worum möchtest du Gott bitten?**

Dass wir unbeschwert sein können,
befreie uns, o Herr.

Dass wir neuen Mut fassen können,
befreie uns, o Herr.

Dass wir „ja" zu uns selbst sagen können,
befreie uns, o Herr.

Dass wir aus vollem Herzen lachen können,
befreie uns, o Herr.

Dass wir mit Freunden echten Spaß haben können,
befreie uns, o Herr.

Dass wir uns so zeigen können, wie wir sind,
befreie uns, o Herr.

Dass es zu Hause wieder stimmt,
befreie uns, o Herr.

Dass alles Schwere von uns abfällt,
befreie uns, o Herr.

Dass wir uns jemandem anvertrauen können,
befreie uns, o Herr.

Dass wir nicht zu kurz kommen,
befreie uns, o Herr.

Dass wir uns von der Angst nicht einschüchtern lassen,
befreie uns, o Herr.

Dass wir das Leben in vollen Zügen genießen,
befreie uns, o Herr.

Dass uns der Alltag leicht fällt,
befreie uns, o Herr.

> *Wir haben oft mit Anfängen zu tun: Ein Tag beginnt, eine Woche, ein Jahr. Nicht bloß zeitliche Strukturen setzen uns immer wieder neue Abschnitte. Eine neue Arbeit ruft uns, neue Ziele werden gesetzt und neue Herausforderungen kommen auf uns zu. Das kann Verunsicherungen auslösen. Da brauchen wir Stütze, Halt, Ermutigung und Zuversicht. Wir wissen uns bei Gott aufgehoben. Im Wort „benedicere" (segnen) wird uns von Gott her Gutes zugesagt. Menschen wollen von Gott gesegnet sein und seine Nähe spüren.*

B A U S T E I N E

➡ Wir **lesen** die einzelnen Aussagen gemeinsam oder reihum.

➡ Versuche, eine für dich **passende Aussage** zu finden und markiere sie farbig.

➡ Formuliere in die Leerzeilen **neue, eigene Gedanken** und schreibe die Aussagen weiter.

➡ Suche neue **Anreden** für Gott und schreibe sie auf die Leerzeilen.

➡ In einem **gemeinsamen Gebet**, beginnend und endend mit dem Kreuzzeichen, darf jede Schülerin und jeder Schüler seine Anrede laut sagen und seine eigenen Gedanken vor Gott bringen.

Hinweis: Aus diesen und den folgenden Segensgebeten können die Kinder und Jugendlichen ihr eigenes persönliches Gebet zusammenstellen.[8]

---

[8] Siehe: Sehnsucht nach Schutz – Der Segen, S.92

Guter Gott, _____

D u . . .

...rufst mich bei meinem Namen

...segnest mich

...hörst mir zu

...schaust auf mich

...legst deine Hand auf mich

...führst mich

...denkst an mich

...lässt mich nicht im Stich

...bist mir nahe

...hilfst mir

...verstehst mich

...verzeihst mir

...gibst mir die Hand

...streichelst mich

...schickst mir einen Engel

...lässt mir Freiheit

...lockst mich

...stärkst mich

...begleitest mich

...schenkst mir Trost

_____

_____

_____

B A U S T E I N E

➡ Wir **lesen** den Text (evtl. liest die Lehrkraft zunächst langsam vor). Er beschreibt, wie Menschen Gott erfahren haben. Schließe die Augen und lasse die Bildworte auf dich wirken.

➡ **Wähle** die drei Sätze aus, die dich am meisten ansprechen.

➡ Finde selbst **drei Vergleiche**: Gott, DU bist wie...

➡ **Gestalte** die sechs Sätze auf einem Blatt.

Gott, DU bist wie eine Hintergrundmusik
    in allen Alltagsgeräuschen.
Gott, DU bist wie das Grundwasser,
    zu dem der Baum seine Wurzeln ausstreckt
    und Wasser des Lebens findet.
Gott, DU bist wie ein Weg,
    auf dem ich Erfahrungen machen kann.
Gott, DU bist wie ein Zelt,
    in dem ich wohnen kann.
Gott, DU bist in den guten Wünschen der Menschen,
    die mir begegnen.
Gott, DU bist bei mir,
    wenn ich in tiefer Schlucht wandere
    und Angst habe.
Gott, DU bist wie ein kostbarer Schluck Wasser
    für den ausgetrockneten Körper.
Gott, DU bist nahe,
    wo Menschen leben.

Im Alten und im Neuen Testament begegnen wir den Engeln als Boten Gottes. Einige sind mit Namen genannt: Michael, Rafael, Gabriel. In Psalm 91,11 finden wir die Worte: „Seinen Engeln hat Gott befohlen, dich zu behüten auf all deinen Wegen." In den verschiedensten Situationen ist Gott uns in seinen Engeln nahe.

B A U S T E I N E

➡ **Welchen Engel** wünschst du dir jetzt?

➡ **Erbitte** von Gott einen Engel für eine bestimmte Person.

➡ In der **Bibel** werden drei Engel namentlich genannt: Rafael (= Gott heilt), Gabriel (= Kraft Gottes), Michael (= Wer ist wie Gott?).

Tobias' Vater sagte: Such jemanden, der mit dir auf die Reise geht. [...] Tobias ging auf die Suche nach einem Begleiter und traf dabei Rafael: Rafael war ein Engel, aber Tobias wusste es nicht. [...] Als er alles für die Reise vorbereitet hatte, sagte sein Vater zu ihm: Mach dich auf den Weg! Gott, der im Himmel wohnt, wird euch auf eurer Reise behüten; sein Engel möge euch begleiten.

(Tob 5, 3f.17)

Im sechsten Monat wurde der Engel Gabriel von Gott in eine Stadt in Galiläa namens Nazaret zu einer Jungfrau gesandt. [...] Der Name der Jungfrau war Maria. Der Engel trat bei ihr ein und sagte: Sei gegrüßt, du Begnadete, der Herr ist mit dir. Sie erschrak und überlegte, was dieser Gruß zu bedeuten habe. Da sagte der Engel zu ihr: Fürchte dich nicht, Maria [...] Du wirst ein Kind empfangen...

(Lk 1,26-31)

...Michael, einer der ersten unter den Engeln kam mir (Daniel) zu Hilfe.

(Dan 10,13)

31

Ich wünsche mir den Engel ...

der Liebe

der Versöhnung

des Aufbruchs

der Gelassenheit

der Dankbarkeit

der Risikobereitschaft

der Zuversicht

des Mutes

der Wärme

der Geduld

der Herzlichkeit

der Wahrhaftigkeit

der Geduld

der Leichtigkeit

des Verzeihens

der Begeisterung

der Heilung

der Klarheit

der Achtsamkeit

der Ausdauer

des Vertrauens

der Barmherzigkeit

der Klugheit

der Ausgeglichenheit

der Festigkeit

der Freundlichkeit

„Einen Namen haben" sagt etwas über die Wichtigkeit und Bedeutung einer Person und unterstreicht ihre Einzigartigkeit. Somit ist der Name Teil der Würde des Menschen. Erst durch ihn wird der Mensch identifizierbar, bekommt er ein Gesicht.
Bei Gott einen Namen haben erinnert uns, dass wir bei ihm bestens aufgehoben sind: Wir dürfen vor ihm sein, wie wir wirklich sind. Er weiß um uns, unsere Geschichte, unsere Gegenwart und unsere Zukunft mit all den freudigen und schmerzlichen Momenten. Letztlich ist damit die Grundaussage der Bibel verbunden: Ich bin mit dir. Ich bin für dich da.
In den einzelnen Sakramenten – insbesondere in der Taufe – wird diese Aussage, die eine vorbehaltlose und bedingungslose Zusage ist, immer wieder neu in verschiedenen Ritualen und Zeichen zum Ausdruck gebracht.

BAUSTEINE

➡ Wir **lesen** die Sätze aus der Heiligen Schrift, in denen Gott dir Gutes zusagt, gemeinsam oder einzelne Schülerinnen bzw. Schüler lesen jeweils einen Zuspruch vor .

➡ **Wähle** einen Satz, der dich besonders anspricht! Schreibe ihn auf eine Karte!

➡ Setze deinen **Vornamen** davor: z. B. David, ...

➡ Gott kennt dich, er kennt dein Leben, deine Freuden und Sorgen genau. Er hat dir in deinem Leben etwas zu sagen. **Schreibe die Worte Gottes weiter.** Was sagt er dir noch?

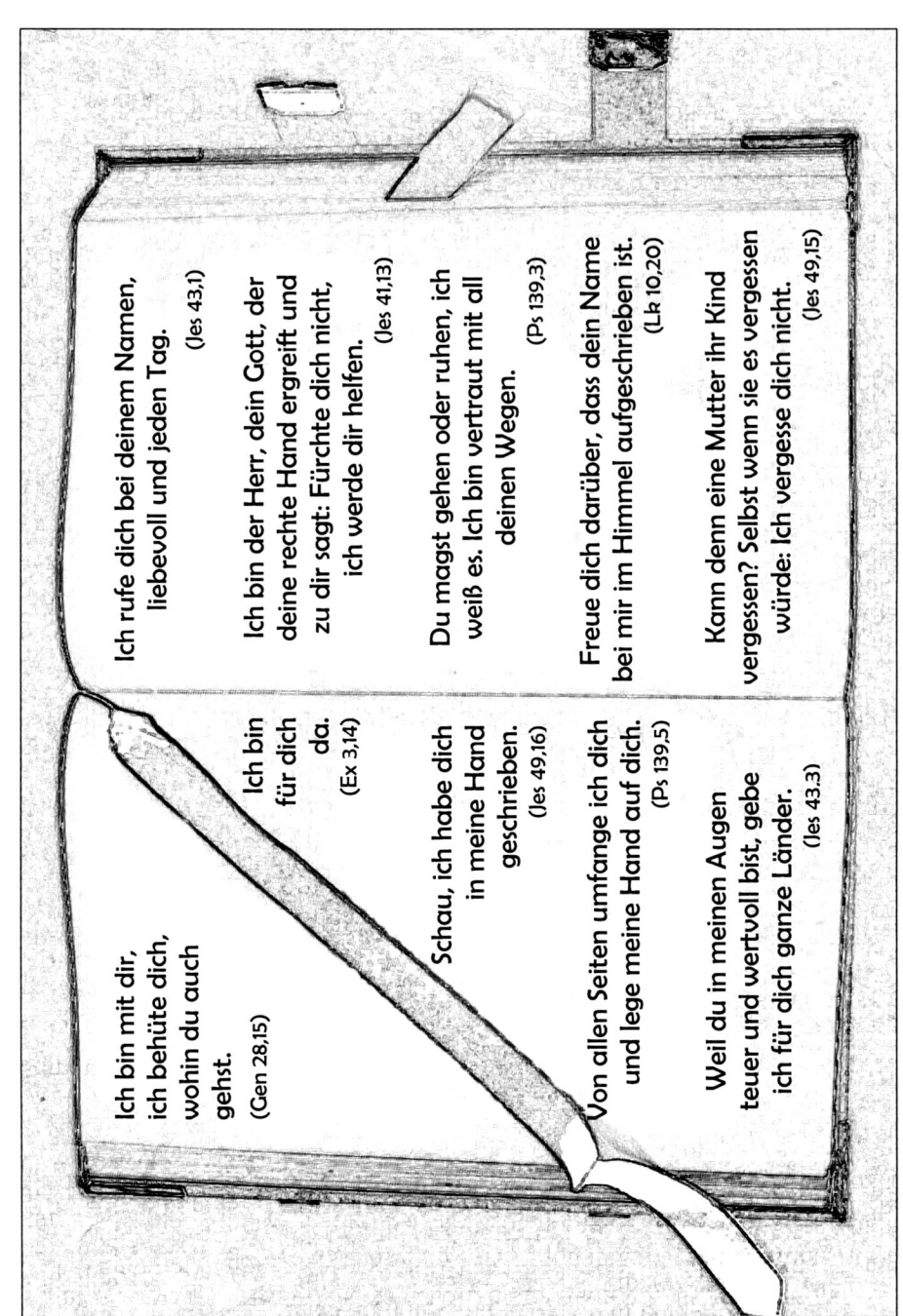

Ich rufe dich bei deinem Namen, liebevoll und jeden Tag.
(Jes 43,1)

Ich bin der Herr, dein Gott, der deine rechte Hand ergreift und zu dir sagt: Fürchte dich nicht, ich werde dir helfen.
(Jes 41,13)

Du magst gehen oder ruhen, ich weiß es. Ich bin vertraut mit all deinen Wegen.
(Ps 139,3)

Freue dich darüber, dass dein Name bei mir im Himmel aufgeschrieben ist.
(Lk 10,20)

Kann denn eine Mutter ihr Kind vergessen? Selbst wenn sie es vergessen würde: Ich vergesse dich nicht.
(Jes 49,15)

Ich bin mit dir, ich behüte dich, wohin du auch gehst.
(Gen 28,15)

Ich bin für dich da.
(Ex 3,14)

Schau, ich habe dich in meine Hand geschrieben.
(Jes 49,16)

Von allen Seiten umfange ich dich und lege meine Hand auf dich.
(Ps 139,5)

Weil du in meinen Augen teuer und wertvoll bist, gebe ich für dich ganze Länder.
(Jes 43,3)

3

Die Sehnsucht
in Biografien
christlicher Gestalten
aufspüren

In der Lernpsychologie wurde ein Lernen am Vorbild durch ein Lernen am Modell abgelöst. Anders als bei einem blinden Nachahmungslernen erfolgt hier eine reflektierte Auseinandersetzung mit fremden Personen.
Ausgangspunkt und Ziel bei dieser Handlungsethik ist das selbstreflexive Subjekt. Dessen eigene, selbst verantwortete Entwicklung steht im Vordergrund. Man will nicht Petrus werden oder Rachel, sondern man selbst. Akzeptiert werden müssen auch andere begründete Entscheidungen. Dahinter verbirgt sich die Hoffnung, dass Kinder und Jugendliche durch Diskussion von moralischen Entscheidungssituationen in ihrer Urteilskompetenz gefördert werden. Heute bekommt der Aspekt der Lebensorientierung eine besondere Gewichtung.
Einem solchen „Lernen an fremden Biografien" dienen alle didaktischen Modelle, die ein „Sich-Einklinken" in Situationen und Entscheidungen anderer Personen möglich machen. Das heißt dann vorrangig, Spiegelungsprozesse auszulösen, und beinhaltet, sich in Personen, ihre Interessen, ihre Motive hineinzuversetzen, die Beziehungen und Konflikte zu betrachten, verschiedene Blickwinkel ins Spiel zu bringen und mit den betreffenden Personen einen Dialog zu führen.[9]

Voraussetzungen

Der erste Schritt muss zunächst immer ein intensives Kennen lernen der Person beinhalten, z.B. durch Erzählen, Erlesen, mit Hilfe von Bildern oder Darstellungen.

Dabei richtet sich der Blick zuerst von außen auf die Person. In einem zweiten Schritt erfolgt die Auseinandersetzung mit kreativen Methoden und gestalterischen Elementen, die zu einem vertieften Verständnis führen. So kann eine Hilfe zur Lebensorientierung angebahnt werden.

---

[9] Vgl. Mendl, Hans, Lernen an (außer-)gewöhnlichen Biografien. Religionspädagogische Anregungen für die Unterrichtspraxis, Donauwörth 2005, 148. – Vgl. zu den folgenden „Methodischen Anregungen" auch: Lätzel, Martin (Hrsg.), Gottes ungeliebte Kinder. Briefe an biblische Außenseiter, München 2005.

Auswahl ermöglichen

Mit welcher Person aus der
biblischen Szene möchtest
du ins Gespräch kommen?

Kreatives Schreiben

- Abschnitte aus der Erzählung, aus der Legende **weiterschreiben**, z.B. Berufung des Levi (Mk 2,14), Frauen im Gefolge Jesu (Lk 8,1-3) ...

- Die Erzählung in die **Du-Form** setzen (eine Person direkt ansprechen).

- Die Erzählung in die **Ich-Form** setzen (aus der Sicht einer Gestalt schreiben).

- Einen Brief aus der Sicht des Schülers an die biblische Person, den Namenspatron oder den Heiligen schreiben...

- Eine **e-mail** oder SMS an den Heiligen bzw. aus der Sicht des Heiligen schreiben.

- Ein **Akrostichon** zur Person verfassen, dabei wird zu jedem Buchstaben des Namens ein zu seinem Leben passender Begriff (Adjektiv, Verb oder Substantiv) gesucht, indem der jeweilige Buchstabe vorkommt.

- Ein **ABC** zum Heiligen anfertigen: Zu jedem Buchstaben des untereinander geschriebenen Alphabets wird ein zum Leben der Gestalt passender Begriff gesucht.

- Das **Glaubensbekenntnis** von Franziskus, Maria, von Petrus ... schreiben: Ich glaube an Jesus, der...; Das Glaubensbekenntnis der Hanna (1 Sam 1,1-20) schreiben bzw. das Lied der Hanna weiterschreiben: (1 Sam 2,1-11): Ich glaube an Gott, der ...

- Einen **Zeitungsbericht** über die Heilige verfassen oder ein Statement zur Situation formulieren.

- Ein fiktives **Interview** führen, sich Fragen überlegen und den Nachbarn oder die Nachbarin antworten lassen.

- Einen kreativen **Dialog** wagen: Was denkt ...? Was fühlt ...?

- **Angefangene Sätze** im Sinne der biblischen Person weiterführen, z.B. Es ist unglaublich, dass...; Ich hoffe...; Ich befürchte...

Kreatives Gestalten

- **Symbole (Attribute)** zur Person und ihrer Lebensgeschichte finden und gestalten.

- Was beeindruckt dich am Leben der Person?
  Eindrücke von der Person **in Farben und Formen** zu Papier bringen.

- **Wappen** und Wappenspruch der betreffenden Person anfertigen.

Interaktionsübungen

- Die **Rolle einer Person einnehmen** und mit Worten oder Gesten ihren Standpunkt zum Ausdruck bringen.

- **Rollenwechsel**, z. B. nacheinander die Rolle von Lea oder Rachel, vom heiligen Franziskus und der heiligen Klara einnehmen.

- Sich **auf den Stuhl** von Abraham, David, Rut, Hanna, Petrus, Sara... setzen, sich befragen lassen und aus deren Sichtweise antworten.

BAUSTEINE

➡ Notwendige **Informationen** über Maria aus Magdala geben, z. B. Frauen im Gefolge Jesu (Lk 8,1-3); Der Tod Jesu (Mk 15,40); Die Erscheinung Jesu vor Maria aus Magdala (Joh 20,11-18)
- Nacherzählen
- Auffallendes nennen
- In der Du-Form nacherzählen, d. h. Maria ansprechen

➡ Die **Begegnung** vertiefen
(evtl. Bild von W. Habdank: Ich habe den Herrn gesehen)
- Was „erzählen" die Personen ? Was denken die Personen?
- Was fällt auf?
- Lass Maria Magdalena **erzählen!**
- Was **wundert** dich an Maria?
- Was willst du sie **fragen?**: Warum ...
- **Führe** mit deinen Gedanken **weiter:**

  Es wundert mich, dass du ...   Kaum zu glauben, dass ...

- Formuliere „**Bekenntnisse**" aus der Sicht der Maria aus Magdala:

  Ich verstehe nicht ...   Ich frage mich oft ...

  Mir ist wichtig ...   Ich wundere mich ...   Ich glaube ...

- **Führe weiter:**   Ich möchte Maria treffen, weil ...

  Ich möchte wie Maria aus Magdala ...

- Suche treffende **Beinamen** für Maria aus Magdala, z. B. Maria, die ohne Angst ist.
- Welcher Gegenstand (Gegenstände), welche(s) **Symbol**(e) passen zu Maria aus Magdala? Zeichne sie (um das Bild)!

➡ Sich ganz persönlich mit der Person auseinandersetzen und die **Geschichte weiterschreiben.**
Ich bin Maria und komme aus dem Dorf Magdala ...

In der folgenden Zeit wanderte er von Stadt zu Stadt und von Dorf zu Dorf und verkündete das Evangelium vom Reich Gottes. Die Zwölf begleiteten ihn, außerdem einige Frauen, die er von bösen Geistern und von Krankheiten geheilt hatte: Maria Magdalena, aus der sieben Dämonen ausgefahren waren [...]. Sie alle unterstützten Jesus und die Jünger mit dem, was sie besaßen.

(Lk 8, 1-3)

Auch einige Frauen sahen von weitem (der Kreuzigung Jesu) zu, darunter auch Maria aus Magdala...

(Mk 14,40)

Maria aber stand draußen vor dem Grab (Jesu) und weinte. [...] (Sie wandte sich um) und sah Jesus dastehen, wusste aber nicht, dass es Jesus war. Jesus sagte zu ihr: Frau, warum weinst du? Wen suchst du? Sie meinte, es sei der Gärtner, und sagte zu ihm: Herr, wenn du ihn weggebracht hast, sag mir, wohin du ihn gelegt hast. Dann will ich ihn holen. Jesus sagte zu ihr: Maria! Da wandte sie sich ihm zu und sagte auf Hebräisch zu ihm: Rabbuni!, das heißt: Meister. Jesus sagte zu ihr: Halte mich nicht fest; denn ich bin noch nicht zum Vater hinaufgegangen. [...] Maria von Magdala ging zu den Jüngern und verkündete ihnen: Ich habe den Herrn gesehen.

(Joh 20,11-18)

Der Namenstag wurde in früheren Jahrzehnten in unseren Breitengraden mehr als der Geburtstag gefeiert. Das Interesse am Namenstag ist zurückgegangen, gewinnt aber in unseren Tagen wieder neue Gewichtung. Der Mensch will im Zeitalter der Computertechnik nicht zu einer Nummer degenerieren, sondern er will eine Person mit einzigartiger und unverwechselbarer Identität bleiben. Zu diesem Wiederentdecken des Namens(tages) leistet sicher der Religionsunterricht einen Beitrag, aber auch die Tatsache, dass neben dem Geburtstagskalender der Schülerinnen und Schüler auch der Namenstagskalender wieder in die Klassenzimmer gekommen ist. „In unseren Lehrplänen und Religionsbüchern wird dem Thema wieder mehr Aufmerksamkeit geschenkt. Die Schüler werden zur kreativen Auseinandersetzung mit dem eigenen Namenspatron angeregt."[10] Es ist sinnvoll, in die Welt der Namenspatrone und Heiligen einzutauchen und sich auf vielfältige Weise mit ihnen auseinander zu setzen.

B A U S T E I N E

➡ Klebe oder male ein **Bild von dir** in einen ovalen Rahmen und schreibe das Datum deines Namenstages darunter.

➡ Klebe (oder male) ein **Bild deiner Patronin oder deines Patrons** ein.

➡ Gehe auf Entdeckungsreise: Was wird von ihr oder ihm erzählt?
  - Was gibt dir zu denken?
  - Was kannst du nicht verstehen?
  - Was bewunderst du?

➡ **Gestalte** ein Schmuckblatt mit deinem Namen.

---

[10] Mendl, Hans, Lernen an (außer-) gewöhnlichen Biografien, 157.

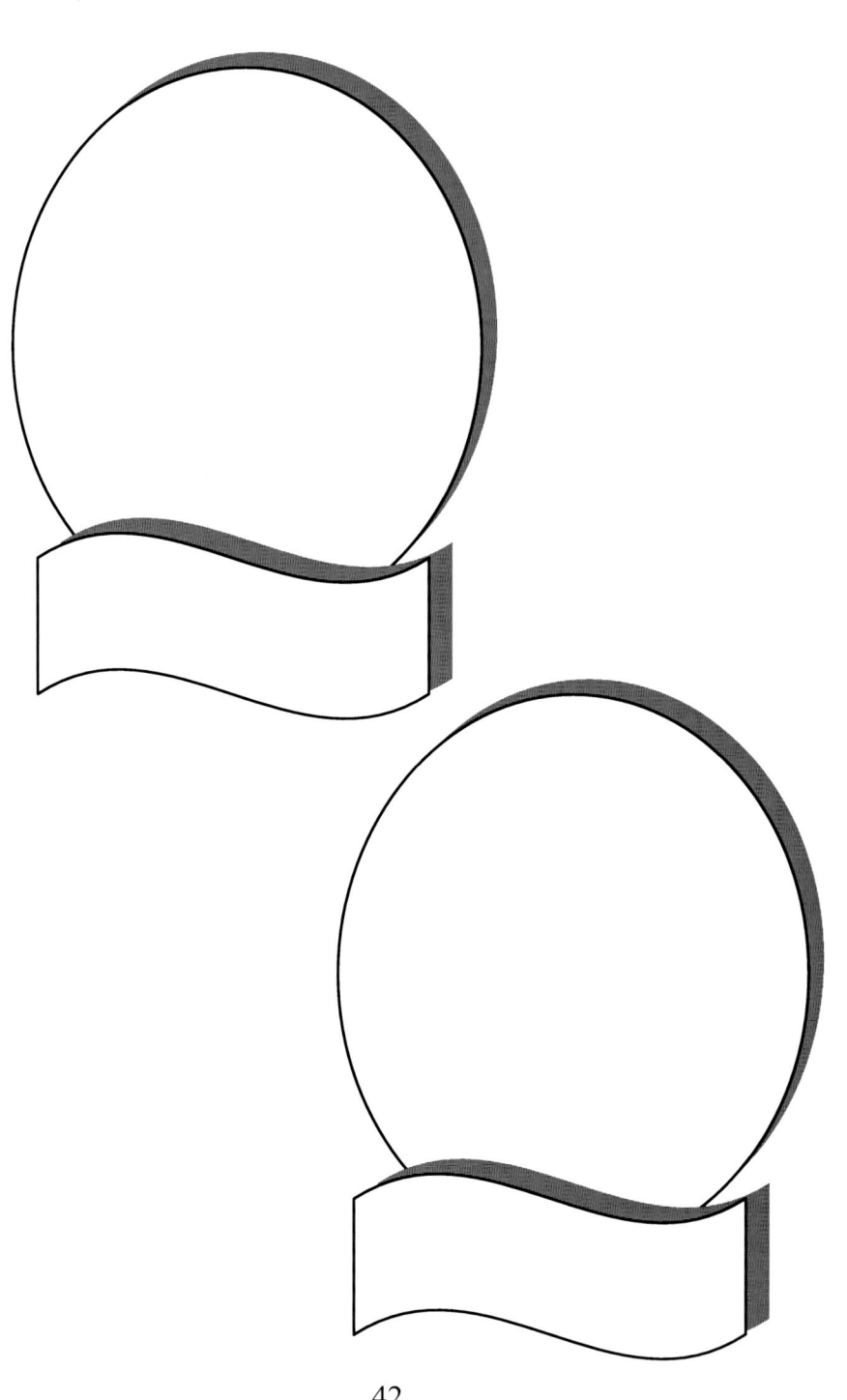

Schreibe deinem Patron/
deiner Patronin eine SMS.
Was ist dir aufgefallen?
Welche Fragen hast du?
Was wundert dich?
Was kannst du nicht
verstehen?

_____

_____

_____

_____

_____

_____

_____

_____

Dein/e Namenspatron/in
schreibt dir zum Namenstag
eine SMS...

_____

_____

_____

_____

_____

_____

_____

_____

_____

Schreibe an deine/n Namens-
patron/in einen Brief.

_____

_____

_____

_____

_____

_____

_____

Welcher Gegenstand, welches Zeichen passt zu dem Heiligen?
Zeichne!

Welche Eigenschaften am
Heiligen/ an der Heiligen
bewunderst du?

_____

_____

_____

_____

_____

_____

_____

_____

_____

Dein/e Patron/in schickt
eine SMS an die Klasse,
an kranke Menschen...

_____

_____

_____

_____

_____

_____

_____

_____

4 Von der Sehnsucht in der Liturgie

Das Kreuzzeichen ist die „spezifisch christliche Form des Segens über sich selbst und andere"[11] und hat insbesondere als Eröffnungs- und Schlussritus Eingang in unsere Liturgie gefunden. Dabei unterscheiden wir das kleinere, ältere und das große, jüngere Kreuzzeichen. Als das Kreuz Jesu aufgerichtet wurde, ist gleichzeitig die erlösende Hand Gottes – trotz und in allem Leid – sichtbar geworden. „Es ist das Zeichen des Alls – und ist das Zeichen der Erlösung. [...] Mach es recht: Langsam, groß, mit Bedacht. Dann umfasst es dein ganzes Wesen, Gestalt und Seele, deine Gedanken und deinen Willen, Sinn und Gemüt, Tun und Lassen, und alles wird darin gestärkt, gezeichnet, geweiht, in der Kraft Christi, im Namen des Dreieinigen Gottes."[12] So wird das Kreuz zum Segen.

B AUSTEINE

DAS GROßE KREUZZEICHEN

➡ **Ergänze den Satz** mit deinen Gedanken und schreibe sie in das Kreuz:

- Ich wünsche mir Geborgenheit, weil.../wenn...
- Geborgenheit heißt für mich...
- Meinem Herzen fehlt...
- Ich möchte mich einfach in die Hand Gottes legen, wenn...

 Jesus selbst hat sich nach Geborgenheit gesehnt. Es heißt in der Bibel: Er schwitzte Blut, weil er so viel Angst hatte, als er am Ölberg seine letzten Stunden auf sich zukommen sah. Er war allein. Jesus hat sich in die Hand Gottes hineingelegt mit dem Vertrauen: Du, Gott, bist da, auch wenn das Schlimmste geschieht. Ich brauche deine Hand, ich sehne mich nach Geborgenheit bei dir, meinem Vater. Deshalb ist das Kreuz nicht nur das Zeichen des Leides und Todes, sondern auch der Hand Gottes, die uns hält und aus der wir – was auch geschehen mag – niemals herausfallen können.

---

[11] Adam, Adolf/ Berger, Rupert, Pastoralliturgisches Handlexikon, Freiburg i.Br. [6]1994, 288.
[12] Guardini, Romano, Von heiligen Zeichen, Mainz 1992, 17f.

➡ Wir machen **miteinander das Kreuzzeichen**, wie zu Beginn und am Ende des Gottesdienstes: Von der Stirn zur Brust, von der linken Schulter zur rechten. Spüre dabei, wie dich dieses Kreuz, die Hand Gottes umfängt und einhüllt. Ruhe dich im Kreuz einen Moment aus. Es kann dir Geborgenheit schenken.

➡ Wir Menschen können **selbst ein Kreuz bilden**, indem wir stehend oder liegend die Arme ausbreiten.

➡ **Gestalte das umseitige Kreuz** so, dass jeder sehen kann: Auch im Leid, in den schwierigen Situationen des Lebens, liegen wir geborgen in der Hand Gottes.

Hinweis: Nach dem Kreuzzeichen braucht es einen Moment der Stille und Ruhe, um dem Zeichen nachspüren zu können.

DAS KLEINE, DREITEILIGE KREUZZEICHEN

➡ Wir zeichnen in unsere **Handinnenfläche** mit dem Daumen dreimal ein Kreuz: für Gott, den Vater; für Jesus, seinen Sohn; und für den Hl. Geist.

➡ Mit dem Kreuzzeichen weißt du: Gott ist bei dir, Gott segnet dich. **Lege deine Hand auf die Stirn, dann auf den Mund und schließlich auf dein Herz.** Miteinander sprechen wir dabei: Gott segne meinen Kopf, meinen Mund, mein Herz.- Gott segne was ich denke, was ich spreche und alles, was ich fühle.- Gott segne meine Gedanken, meine Worte, meine Gefühle

➡ Mache jetzt ein **Kreuzzeichen** auf deine Stirn, deinen Mund und dein Herz. Wir sprechen dabei: Gott segne, was ich denke, was ich spreche und alles, was ich fühle.

➡ Die Lehrkraft kann dann **die Kinder segnen**, indem sie ein Kreuzzeichen auf die Stirn zeichnet.

➡ Die Segensgeste kann dabei begleitet werden von einem Satz, den die Lehrkraft jedem Kind **ins Ohr flüstert**, z.B. Sonja, du darfst sicher sein: Gott kennt deinen Namen – Alexander, Gott hat dich sehr gern. – Lena, Gott ist dir nahe in allem, was du tust.

Manuel Stinglhammer, Burghausen

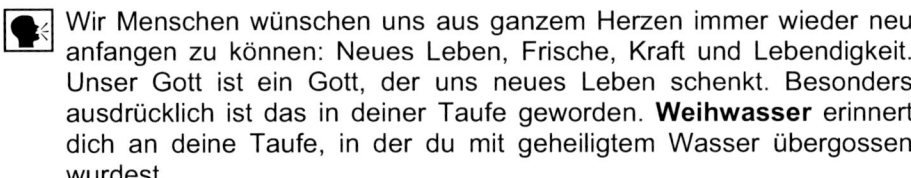

„Geheimnisvoll ist das Wasser; klar, schlicht, selbstlos. Bereit, rein zu waschen, was beschmutzt ist; zu erquicken, was dürstet."[13] Seit dem 4. Jahrhundert bedienen sich christliche Gemeinden des Brauches, Wasser zur Reinigung des Herzens zu verwenden und Gottes Zuwendung und Liebe in Jesus Christus zu verdeutlichen. Weihwasser erinnert an die eigene Taufe, erinnert daran, dass ich als Kind Gottes angenommen bin, unverrückbar, bedingungslos und endgültig.[14]

BAUSTEINE

➡ Der **Impuls „Des Menschen Herz kann durch vieles müde werden..."** kann ein kurzes Gespräch anregen.

➡ Überlege dir mit deinem Partner oder deiner Partnerin eine **Körperhaltung** oder Geste, die Müdigkeit zum Ausdruck bringt und stelle sie der Gruppe vor. Anschließend kann die Haltung von allen eingenommen werden.

➡ **Erzähle Gott von dir**: Gott, mein Herz ist müde, weil... oder: Gott, mein Herz wird müde, wenn... **Schreibe** deine Gedanken in die Welle. (S.53)

➡ Wir Menschen wünschen uns aus ganzem Herzen immer wieder neu anfangen zu können: Neues Leben, Frische, Kraft und Lebendigkeit. Unser Gott ist ein Gott, der uns neues Leben schenkt. Besonders ausdrücklich ist das in deiner Taufe geworden. **Weihwasser** erinnert dich an deine Taufe, in der du mit geheiligtem Wasser übergossen wurdest.

➡ In der Bibel verspricht Gott immer wieder neue Kraft, neues Leben. Wir **lesen Ps 36, 6-10**. **Gestalte** aus der Bibelstelle die Satzteile, die dir wichtig sind, wellenförmig in den Rahmen.

➡ *Oder:* Wähle einen Psalmvers aus, der dich jetzt anspricht. Lies diesen Vers nochmals für dich leise und wähle einen Ausdruck. **Gestalte** diesen wellenförmig um deine Notizen so, dass zum Ausdruck kommt: Gott schenkt dir neues Leben.

---

[13] Guardini, Romano, Von heiligen Zeichen, 40.
[14] Vgl. Adam, Adolf/ Berger, Rupert, Pastoralliturgisches Handlexikon, 558.

➡ Wenn du während des Gestaltens den Eindruck hast, bereit zu sein, gehe zur Schale mit Weihwasser und **tauche deine Hände tief ein**. Spüre seine Frische und Kraft.
Dabei findet sich auf dem Grund der Schale oder danebenliegend der Satz: **Gott spricht: Ich schenke dir neues Leben!**

➡ Alternativ kann die Lehrkraft auch die Hände der Schüler und Schülerinnen **übergießen**. Dabei spricht sie beispielsweise: Katharina, Gott schenkt dir neues Leben.

➡ **Abschluss:** Z.B. Lied „Alle meine Quellen entspringen in dir", „Fest soll mein Taufbund", gemeinsames Beten von Ps 36,6-10.

Hinweis: Bei der Zeichenhandlung sollte sich immer nur eine Person zum Weihwasser begeben. Ein Handtuch zum Abtrocknen wird bewusst nicht angeboten, um dem Weihwasser nachspüren zu können.

Text für ältere Schüler

Herr, deine Güte reicht bis an den Himmel
und deine Treue so weit die Wolken ziehen!
Deine Gerechtigkeit ragt hoch wie die ewigen Berge,
deine Urteile gründen tief wie das Meer.
Du, Herr, hilfst Menschen und Tieren.
Deine Liebe ist unvergleichlich.
Du bist unser Gott, bei dir finden wir Schutz.
Du sättigst uns aus dem Reichtum deines Hauses,
deine Güte erquickt uns wie frisches Wasser.
Du selbst bist die Quelle, die uns Leben schenkt.
Deine Liebe ist die Sonne, von der wir leben.

(Ps 36, 6-10)

Text für jüngere Schüler

Herr, deine Güte ist so groß wie der Himmel
und deine Treue so weit die Wolken ziehen können!
Deine Gerechtigkeit ist fest und sicher wie die ewigen Berge,
deine Entscheidungen sind so tiefgründig wie das Meer.
Du, Herr, hilfst Menschen und Tieren.
Nichts gleicht deiner Liebe.
Du bist unser Gott, bei dir finden wir Schutz.
Du sättigst uns aus deinem Reichtum,
deine Güte belebt uns wie frisches Wasser.
Du selbst bist die Quelle, die uns Leben schenkt.
Deine Liebe ist die Sonne, von der wir leben.

(nach Ps 36, 6-10)

Gott spricht:
Du bist mein geliebter Sohn!
Du bist meine geliebte Tochter!

(nach Mk 1,11)

Du selbst, Gott, bist die
Quelle, die uns Leben schenkt.

(Ps 36,10)

Gott spricht:
Auf, ihr Durstigen, kommt alle
zum Wasser! Auch wer kein Geld
hat, soll kommen.

(Jes 55,1)

Gott lässt mich lagern auf
grünen Auen und führt mich
zum Ruheplatz am Wasser.

(Ps 23,2)

Deine Güte erquickt
uns wie frisches Wasser.

(Ps 36,9)

Jesus spricht: Kommt alle zu
mir, die ihr euch plagt und
schwere Lasten zu tragen habt.
Ich will euch erquicken.

(Mt 11,28)

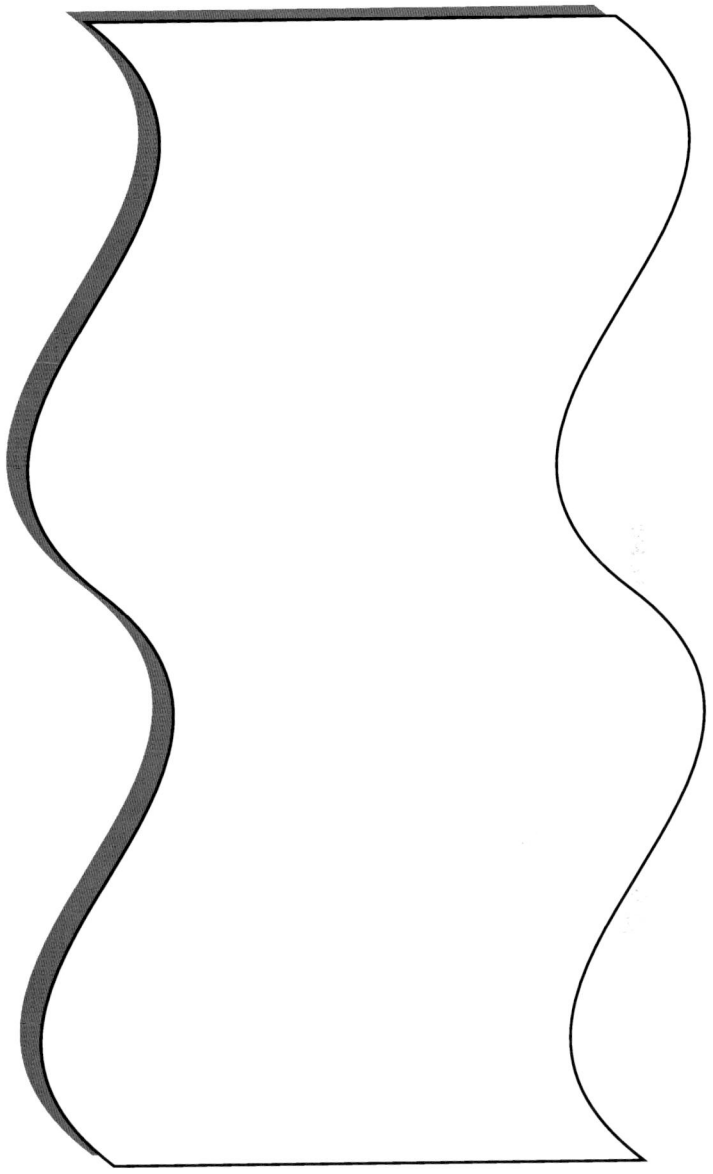

> *Der Kyrie-Ruf ist bereits aus vorchristlicher Zeit als Huldigungsruf an den Herrscher, an eine Gottheit oder die aufgehende Sonne bekannt und hat in der christlichen Liturgie zu Beginn seinen Platz. Im Neuen Testament wird Jesus mit diesem Titel bezeichnet und damit bekannt: „Jesus Christus ist der Herr – zur Ehre Gottes des Vaters" (Phil 2,11).[15] In den Kyrierufen „muss auch zum Ausdruck kommen, dass er der Erste ist, der Gottgesandte, der Sohn Gottes [...] Ihm ist ja, wie der Philipperbrief sagt, ‚ein Name gegeben, der über allen Namen ist' (Phil 2,9). Er ist auch derjenige, der uns von allen Herren befreit."[16]*

B A U S T E I N E

➡ **Bildimpuls:** Es gibt vieles was Menschen fesselt, über sie bestimmt, sie vereinnahmt und im Griff hat.
Das Bild von gefesselten Händen (S.56) kann Anregung zu einem kurzen Gespräch sein.

➡ Mit einer 20-30cm langen Schnur kannst du dem **Gefesselt-sein** ein wenig **nachspüren**. Wickle dir die Schnur um einen oder mehrere Finger und ziehe ein wenig daran.

➡ **Gestalte** mit Farben, Formen und Worten, was dein Herz (manchmal) fesselt...

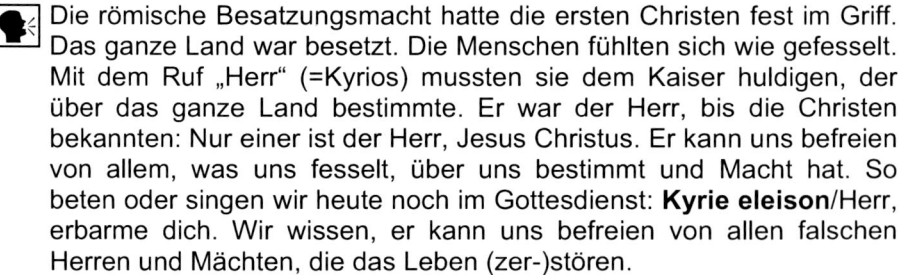

Die römische Besatzungsmacht hatte die ersten Christen fest im Griff. Das ganze Land war besetzt. Die Menschen fühlten sich wie gefesselt. Mit dem Ruf „Herr" (=Kyrios) mussten sie dem Kaiser huldigen, der über das ganze Land bestimmte. Er war der Herr, bis die Christen bekannten: Nur einer ist der Herr, Jesus Christus. Er kann uns befreien von allem, was uns fesselt, über uns bestimmt und Macht hat. So beten oder singen wir heute noch im Gottesdienst: **Kyrie eleison**/Herr, erbarme dich. Wir wissen, er kann uns befreien von allen falschen Herren und Mächten, die das Leben (zer-)stören.

➡ **Gestalte** in dein Bild einen oder mehrere der folgenden Rufe der ersten Christen. Denke daran: Gott hört dir zu. Er hört deinen Wunsch

---

[15] Vgl. Adam, Adolf/ Berger, Rupert, Pastoralliturgisches Handlexikon, 295.
[16] Rotzetter, Anton, An der Grenze zum Unsagbaren, 92.

nach Befreiung von allen Mächten, die dich im Herzen zerstören. Er ist der Herr!

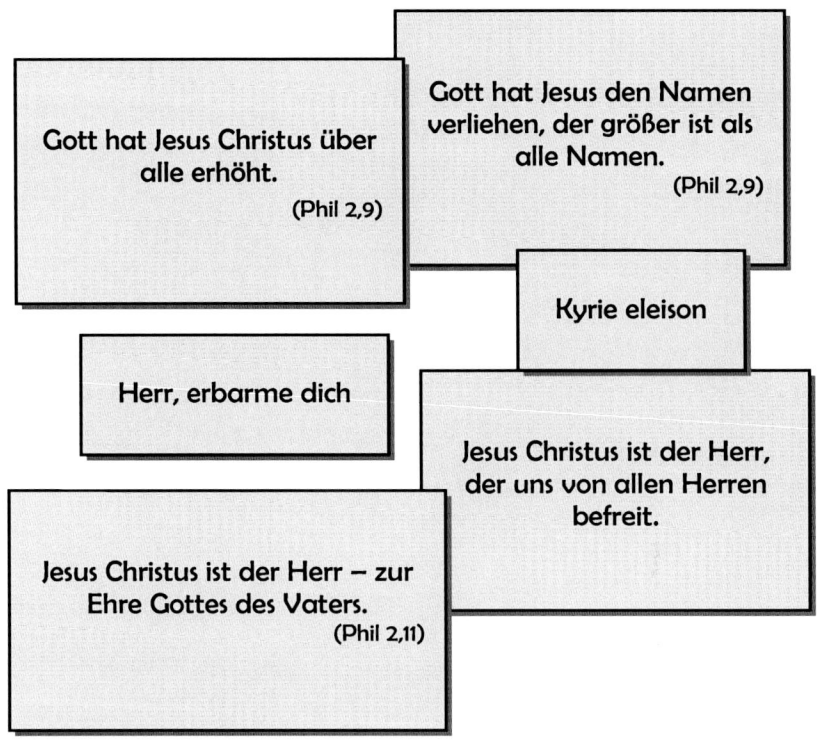

> Gott hat Jesus Christus über alle erhöht.
> (Phil 2,9)

> Gott hat Jesus den Namen verliehen, der größer ist als alle Namen.
> (Phil 2,9)

> Kyrie eleison

> Herr, erbarme dich

> Jesus Christus ist der Herr, der uns von allen Herren befreit.

> Jesus Christus ist der Herr – zur Ehre Gottes des Vaters.
> (Phil 2,11)

➡ Wir lesen oder singen das Lied „Meine engen Grenzen". **Schreibe** selbst eine Strophe, die zu dir passt. Was fesselt dein Herz und legt dir enge Grenzen? Wie soll Gott deine Enge verwandeln? Du kannst auch Worte aus dem Text verwenden.

➡ **Abschluss:**

- Die Schülerinnen und Schüler dürfen laut sagen, was sie fesselt, welche fremden Herren über ihr Leben bestimmen. Nach einigen Aussagen singen oder sprechen wir einen Kyrieruf.
- Wir singen gemeinsam das Lied „Meine engen Grenzen".

Mein Herz fesselt...

Meine engen Grenzen,
meine kurze Sicht,
bringe ich vor dich.
Wandle sie in Weite; Herr, erbarme dich.

Meine ganze Ohnmacht,
was mich beugt und lähmt,
bringe ich vor dich.
Wandle sie in Stärke; Herr, erbarme dich.

Mein verlornes Zutrau'n,
meine Ängstlichkeit,
bringe ich vor dich.
Wandle sie in Wärme; Herr, erbarme dich.

Meine tiefe Sehnsucht
nach Geborgenheit
bringe ich vor dich.
Wandle sie in Heimat; Herr, erbarme dich.

Eugen Eckert

Meine _____

_____

bringe ich vor dich.

Wandle sie in _____

_____ . Herr, erbarme dich.

Das Gloria ist ein altchristlicher Hymnus, in dem die „religiöse Begeisterung jener Jahrhunderte fühlbar fortlebt"[17]. Es ist ein dreigliedriger Dank- und Festgesang mit dem Lob der Engel in der Heiligen Nacht, der Lobpreisung Gottes, sowie den Rufen zu Jesus Christus. Das Ehre der ersten und das der letzten Zeile verbindet den Text zu Lob und Anbetung aus einem dankbaren, staunenden und ergriffenen Herzen.[18]

BAUSTEINE

➡ **Impuls:** Es gibt unendlich viele Worte, darunter sind einige, die Großes zum Ausdruck bringen. Wähle einen Begriff, der für dich „Großes" bedeutet und schreibe ihn mit Farbe in die Mitte des Rahmens (S. 63).

▪ Die Kirche hat einen Text, der Gott lobt und preist für seine Größe. **Das Gloria (=Ehre)** wird an den Sonn- und Festtagen im Gottesdienst gebetet oder gesungen.

➡ **Lies** den Text und **unterstreiche** die Zeile(n), die für dich am deutlichsten „das Große" zum Ausdruck bringt.

➡ **Wähle** eine Zeile aus dem Gloria aus, die Großes bedeutet und **gestalte** sie im Rahmen um dein Wort. Die einzelnen Werke können gesammelt an der Wand angebracht werden, so dass ein „Gloria im Klassenzimmer" entsteht.

➡ Denke an dein bisheriges Leben zurück und **ergänze mit einem Gedanken von dir**: Gloria, Ehre sei Gott, für... und schreibe ihn in den Rahmen.

➡ **Abschluss:** Wir singen oder beten gemeinsam das Gloria.

---

[17] Jungmann, Josef Andreas, Missarum Sollemnia. Band I. Innsbruck 1962, 446f.
[18] Vgl. Adam, Adolf/ Berger, Rupert, Pastoralliturgisches Handlexikon, 178f. – Vgl. Groß, Werner, Immer und überall danken. Die Eucharistie verstehen und feiern, Ostfildern 2000, 51-55.

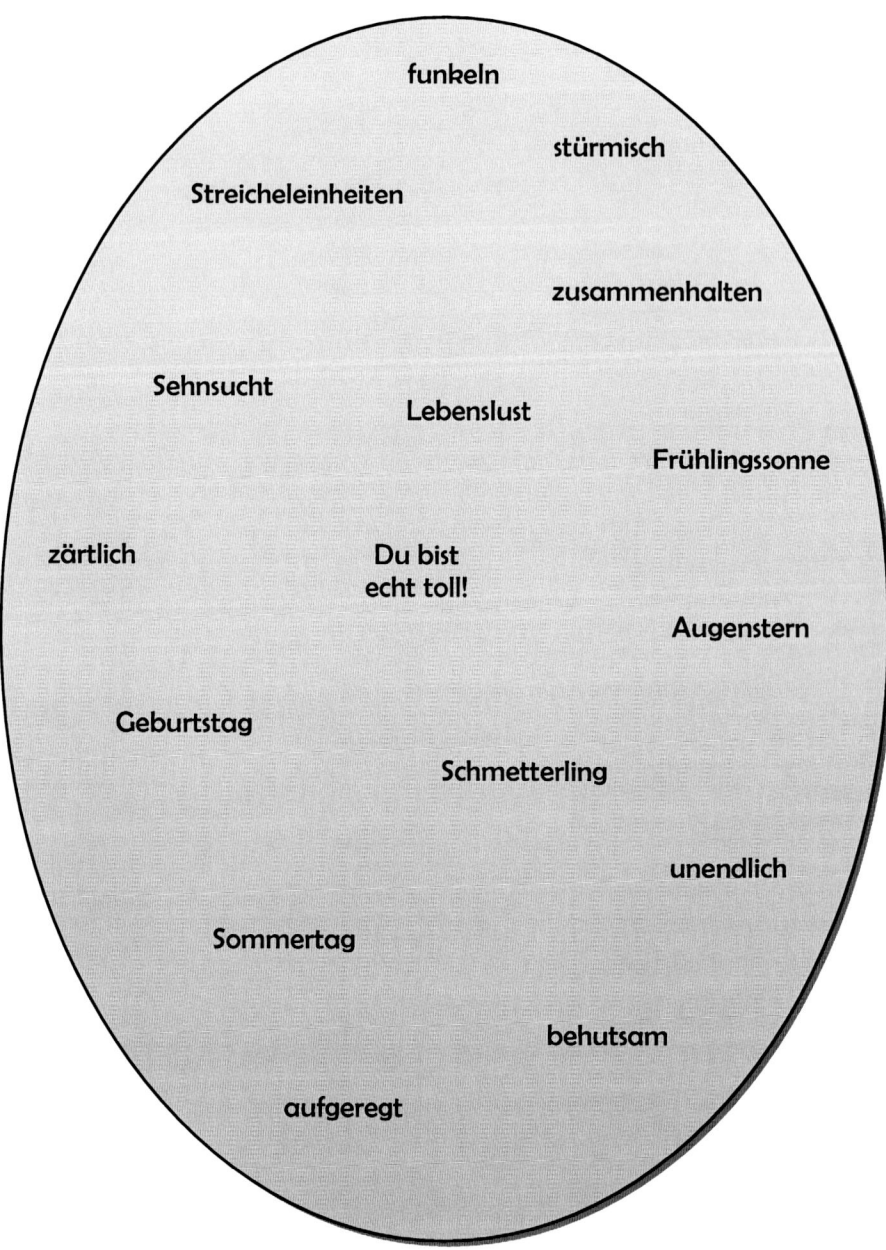

funkeln

stürmisch

Streicheleinheiten

zusammenhalten

Sehnsucht

Lebenslust

Frühlingssonne

zärtlich

Du bist
echt toll!

Augenstern

Geburtstag

Schmetterling

unendlich

Sommertag

behutsam

aufgeregt

Ehre sei Gott in der Höhe
und Friede auf Erden
den Menschen seiner Gnade.

Wir loben dich,
wir preisen dich,
wir beten dich an,
wir rühmen dich und danken dir,
denn groß ist deine Herrlichkeit:

Herr und Gott,
König des Himmels,
Gott und Vater,
Herrscher über das All,
Herr eingeborener Sohn, Jesus Christus.

Herr und Gott,
Lamm Gottes,
Sohn des Vaters,
du nimmst hinweg die Sünde der Welt:
erbarme dich unser;
du nimmst hinweg die Sünde der Welt:
nimm an unser Gebet;
du sitzest zur Rechten des Vaters:
erbarme dich unser.

Denn du allein bist der Heilige,
du allein der Herr,
du allein der Höchste:
Jesus Christus,
mit dem Heiligen Geist,
zur Ehre Gottes des Vaters.

Gloria, Ehre sei Gott

Kathi Stimmer-Salzeder
T: nach der Liturgie

KV: Glo - ri - a, Eh - re sei Gott und Frie-de den Menschen seiner

Gna - de. Glo - ri - a, Eh-re sei Gott, er ist der Frie-de un-ter uns.

1. Wir lo - ben dich, wir prei - sen dich, wir
2. Herr, Je - sus Chris - tus, des Va - ters Sohn, nimm
3. Denn du al - lein bist der Hei - li - ge, der

1. be - ten dich an, wir rüh - men dich und
2. an un - ser Ge - bet. Du nimmst hin - weg die
3. Höch - ste, der Herr: Jesus Chri - stus mit dem

1. dan - ken dir, denn groß ist dei - ne Herr - lich - keit!
2. Schuld der Welt, er - barm dich un - ser, Got - tes - lamm.
3. Heil' - gen Geist zur Eh - re Got - tes, des Vaters.

> *„Wann immer in der Kirche die Heilige Schrift gelesen wird, spricht Gott selbst zu seinem Volk".[19] Dem in der Bibel enthaltenen Wort Gottes kommt gemäß dem II. Vatikanischen Konzils eine herausragende Bedeutung zu: Es stärkt, nährt die Seele und ist die Quelle erfüllten Lebens.[20] Denn „wir leben ja nicht vom Brot allein, sondern von jedem Wort, das aus Gottes Mund kommt." (Mt 4,4)*

B AUSTEINE

➡ **Impuls:** Wir suchen in unserem Leben immer wieder nach Halt und Sicherheit. Wir wünschen uns Menschen, auf die wir uns verlassen können. Nimm dir Zeit für eine Besinnung anhand der **Fragen**.

Gott sagt: Du kannst dich auf mich verlassen. Ich lasse dich niemals allein. Ich halte dich, auch wenn dich sonst niemand mehr hält. Dieses Versprechen ist in der **Heiligen Schrift** festgehalten, aus der wir auch im Gottesdienst vorlesen.

➡ **Wähle aus** den biblischen Gedanken einen aus, der dich anspricht. Verleihe dem Wort, das dir heute besonders wichtig ist, **mit deiner Stimme einen Klang**.

➡ **Gestalte** den Gedanken in dein Heft und hebe dein Wort dabei heraus. Gott hört dir zu.

➡ Wenn du das Gefühl hast, bereit zu sein, tritt zur **Heiligen Schrift und lege deine Hände auf.** Auf das Wort Gottes können wir uns verlassen, es will uns Halt und Sicherheit sein. Es ist Kraft für uns Christen. Lass dir dafür Zeit.

➡ *Oder:* Nimm die Bibel fest in deine Hände und spüre seine Festigkeit.

---

[19] AEM 9.
[20] Vgl. Dei Verbum, Art. 21.

➡ **Abschluss:** Z.B. Wir singen das Lied „Gottes Wort ist wie Licht in der Nacht".

Hinweis: Je wertvoller und reichhaltiger verziert die verwendete Bibel ist, desto intensiver ist die Erfahrung der Schüler und Schülerinnen. Es empfiehlt sich mit der Klasse zu vereinbaren, dass immer nur eine Person zur Heiligen Schrift hinzutritt.

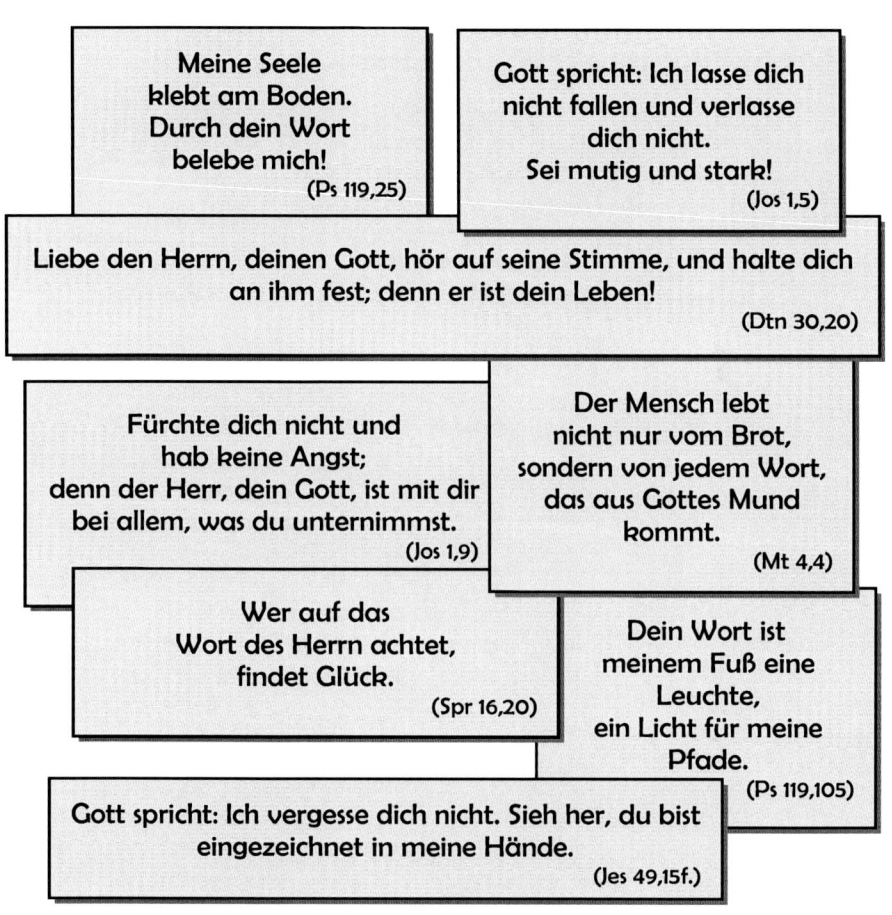

Meine Seele
klebt am Boden.
Durch dein Wort
belebe mich!
(Ps 119,25)

Gott spricht: Ich lasse dich
nicht fallen und verlasse
dich nicht.
Sei mutig und stark!
(Jos 1,5)

Liebe den Herrn, deinen Gott, hör auf seine Stimme, und halte dich
an ihm fest; denn er ist dein Leben!
(Dtn 30,20)

Fürchte dich nicht und
hab keine Angst;
denn der Herr, dein Gott, ist mit dir
bei allem, was du unternimmst.
(Jos 1,9)

Der Mensch lebt
nicht nur vom Brot,
sondern von jedem Wort,
das aus Gottes Mund
kommt.
(Mt 4,4)

Wer auf das
Wort des Herrn achtet,
findet Glück.
(Spr 16,20)

Dein Wort ist
meinem Fuß eine
Leuchte,
ein Licht für meine
Pfade.
(Ps 119,105)

Gott spricht: Ich vergesse dich nicht. Sieh her, du bist
eingezeichnet in meine Hände.
(Jes 49,15f.)

Halt suchen
- Ein Augenblick für Dich -

Dieser Fragebogen ist nur für Dich.
Du brauchst deine Notizen nicht vorzulesen.

1. Wer oder was gibt dir Halt und Sicherheit?

   _____

   _____

2. Wann sehnst du dich besonders danach, festgehalten zu werden?

   _____

   _____

3. Von wem wünschst du dir, dass er/sie dir mehr Halt gibt?
   Warum?

   _____

   _____

4. Gab es in deinem Leben Momente, in denen du das Gefühl
   hattest, dass dich niemand „hält", niemand für dich da ist?

   _____

   _____

5. Wem gibst du Halt und Sicherheit?

   _____

   _____

Der Altar bildet das Herzstück, die zentrierende Mitte des Kirchenraumes. Er ist das Symbol für Christus, Zeichen für Vertrauen und dem Sich-Verschenken: Von ihm, der sich dem Vater vertrauensvoll in die Hände legt und sich den Menschen vorbehaltlos schenkt, geht das Heil aus.[21]

B A U S T E I N E

➡ **Impuls:** Menschen sehnen sich danach, liebevoll berührt zu werden und andere zu berühren. Dieser Wunsch steigt in den unterschiedlichsten Momenten des Lebens in uns auf (z.b. bei Krankheit, Niedergeschlagenheit, Glück, einem freudigen Ereignis...).

- **Suche nach Gesten oder Worten**, die das Herz des Menschen wohltuend berühren.

- Lies den **Text „Ist da jemand?"** und führe ihn mit deinen Gedanken weiter.

➡ Christus hat Menschen berührt und Menschen haben sich danach gesehnt, ihn zu berühren. Höre (Lies) dazu folgende **Erzählung aus der Heiligen Schrift**.

> Viele Menschen folgten Jesus und drängten sich um ihn. Darunter war eine Frau, die schon zwölf Jahre an Blutungen litt. Sie war von vielen Ärzten behandelt worden und hatte dabei sehr zu leiden; ihr ganzes Vermögen hatte sie ausgegeben, aber es hatte ihr nichts genutzt, sondern ihr Zustand war immer schlimmer geworden. Sie hatte von Jesus gehört. Nun drängte sie sich in der Menge von hinten an ihn heran und berührte sein Gewand. Denn sie sagte sich: Wenn ich auch nur sein Gewand berühre, werde ich geheilt. Sofort hörte die Blutung auf, und sie spürte deutlich, dass sie von ihrem Leiden geheilt war.
>
> (Mk 5,24b-29)

- Wiederhole **Worte, Ausdrücke oder Gedanken der Bibelstelle**, die dir noch im Gedächtnis sind.

- Suche den für dich **wichtigsten Ausdruck** aus der Bibelstelle und markiere ihn.

---

[21] Vgl. Adam, Adolf/ Berger, Rupert, Pastoralliturgisches Handlexikon, 17f.

- **Rollenspiel:** Spielt zu zweit die Szene nach, in der die Frau das Gewand Jesu berührt.
- **Lass die kranke Frau sprechen.** Was sagt oder denkt sie, als sie Jesus berührt? Formuliere einen Satz in der Ich-Form.

 Wir brauchen und sehnen uns in der Mitte unseres Herzens nach Berührung. Gehe nun zum Altar. Er ist die Mitte des Kirchenraumes, das Herzstück, Zeichen für Jesus Christus: Er schenkt sich uns in Brot und Wein, von hier geht das Heil aus. **Lege deine Hände auf den Altar.** Berühre Christus und lass dich von ihm berühren. Beeile dich nicht, du hast genügend Zeit. [22]

➡ **Abschluss** mit einem gemeinsamen Gebet oder einem Lied.

Hinweis: Vorher sollte mit der Gruppe vereinbart werden, dass immer nur eine Person zum Altar tritt. Dieser soll möglichst abgeräumt und das Altartuch entfernt worden sein, so dass man beide Hände vollständig auflegen kann. Sinnvoll erscheint weiterhin, dass die jeweilige Person, welche die Hände auflegt, von vorne zum Altar tritt, so dass sie von den übrigen abgewandt ist.

---

[22] Idee nach Domvikar Dr. Bernhard Kirchgessner, Passau

Ich suche

nach Berührung.

Berührung

in meiner Einsamkeit

in meiner Angst

in meiner Verlorenheit

in/wenn... _____

_____

_____

IST DA JEMAND?

_____

Oft fällt es uns schwer, aus freiem Herzen zu danken. Der Dank ist es jedoch, der das Herz der Eucharistiefeier bildet (Eucharistie = Danksagung). Der folgende Text von Hans Magnus Enzensberger „Empfänger unbekannt" weitet den Blick, hilft eingefahrene „Dankmuster" aufzusprengen und verführt geradewegs zu einer großen Weite des Dankens.

B A U S T E I N E

➡ Nur die beiden ersten Worte „Vielen Dank" werden aufgeblendet als Anregung zu einem kurzen Gespräch:

Vielen Dank - Wofür...? Vielen Dank - An wen...?

➡ Wir **lesen** den Text zeilenweise bzw. satzweise reihum.

➡ Möglicherweise bedürfen einige Begriffe einer **Klärung**. Die Zahl ε (epsilon) ist mathematisch eine beliebig kleine Zahl zwischen 0 und 1.

➡ **Unterstreiche** die Teile, die du am interessantesten, außergewöhnlichsten, lustigsten o.ä. findest!

➡ **Schreibe selbständig** einen ähnlichen Text mit deinen Gedanken.

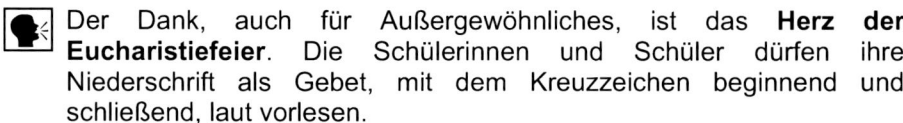 Der Dank, auch für Außergewöhnliches, ist das **Herz der Eucharistiefeier**. Die Schülerinnen und Schüler dürfen ihre Niederschrift als Gebet, mit dem Kreuzzeichen beginnend und schließend, laut vorlesen.

Hinweis: Für die Schülerinnen und Schüler kann die Andeutung hilfreich sein, keinen „braven" Text schreiben zu müssen, sondern es vielmehr Enzensberger gleich zu tun.

Vielen Dank für

den Sommer
und den Motorcrosssport

und, warum nicht, für

den Winter, die kälte und wenn
man von draußen reingeht das
geborgene Gefühl

und, warum nicht, für

mein wunderschönes warmes
Bett das auf mich wartet

Vielen Dank für den Sternenhimmel

und, warum nicht, für

die lustigen Comics. Vielen Dank für all die
Freunde und Spaß im Leben.

Herzlichen Dank dafür, dass

es Berge gibt und Fahrräder
um darauf herum zu
jumpen

Und meinetwegen für

meine crazy durchgeknallten
Freunde und Familien mit
allem Ärger und Spaß

auch.

Herzlichen Dank dafür, dass

ich tolle Eltern habe und einen
Freund den ich brauch und der
immer für mich da ist.

Und meinetwegen für

meine Katze die im Moment in meinem
Bett pennt

auch.

Und meinetwegen für

die vielen Hausaufgaben die
so viel Zeit beanspruchen

71

Vielen Dank für die Wolken.
Vielen Dank für das wohltemperierte Klavier
und, warum nicht, für die warmen Winterstiefel.
Vielen Dank für mein sonderbares Gehirn
und für allerhand andere verborgene Organe,
für die Luft und natürlich für den Bordeaux.
Herzlichen Dank dafür,
dass mir das Feuerzeug nicht ausgeht,
und die Begierde, und das Bedauern,
das inständige Bedauern.
Vielen Dank für die Jahreszeiten
und für die Zahl ε und für das Koffein,
und natürlich für die Erdbeeren auf dem Teller,
gemalt von Chardin,
sowie für den Schlaf, für den Schlaf ganz besonders,
und, damit ich es nicht vergesse,
für den Anfang und das Ende
und die paar Minuten dazwischen inständigen Dank,
meinetwegen für
die Wühlmäuse draußen
im Garten auch.

(Hans Magnus Enzensberger, dt. Schriftsteller und Dichter)

Vielen Dank für

_____

_____

und, warum nicht, für

_____

_____

_____

Herzlichen Dank dafür, dass

_____

_____

_____

Und meinetwegen für

_____

_____

_____

auch

Vielen Dank für die Wolken.

Vielen Dank für den herrlichen Klang des Klaviers

und, warum nicht, für die warmen Winterstiefel.

Vielen Dank für mein sonderbares Gehirn

und für allerhand andere verborgene Organe,

für die Luft und natürlich für den Pudding.

Herzlichen Dank dafür,

dass mir die Buntstifte nicht ausgehen,

und die Fröhlichkeit, und das schlechte Gewissen.

Vielen Dank für die Jahreszeiten

und für die Zahlen und für die Limonade,

und natürlich für die Erdbeeren auf dem Teller,

mit Sahne,

sowie für den Schlaf, für den Schlaf ganz besonders,

und, damit ich es nicht vergesse,

für den Anfang und das Ende

und die paar Minuten dazwischen inständigen Dank,

meinetwegen für

die Wühlmäuse draußen

im Garten auch.

(nach Hans Magnus Enzensberger, dt. Schriftsteller und Dichter)

Vielen Dank für

_____

_____

und, warum nicht, für

_____

_____

_____

Und meinetwegen für

_____

_____

_____

auch.

Die Gabenbereitung ist nicht nur der technische Vorgang, den Tisch des Herrn zu bereiten, sondern lädt zur Beteiligung an der Eucharistie ein. Hier werden wir selbst bereitet, können wir zur Gabe auf dem Altar werden und innerlich in das Geheimnis der Hingabe Christi eingehen. Die Gaben von Brot und Wein vertreten als Frucht der menschlichen Arbeit unser Leben mit seiner Freude und seinem Schmerz, seinem Lachen und Weinen, den Hoffnungen und den Ängsten, allen Erfolgen und Misserfolgen.[23] Letztlich ist es die Zusage Gottes: Du hast einen Namen bei mir, ich sehe dich, so wie du bist, mit deiner Vergangenheit, deiner Gegenwart und deiner Zukunft.

B A U S T E I N E

➡ **Impuls**: Wer bin ich eigentlich? Wähle für dich drei bis fünf Impulse aus den Gedankenblasen, führe sie in deinem Sinne weiter und gestalte sie auf ein Blatt.

➡ **Gestalte** das Blatt mit Farben so, dass zum Ausdruck kommt, wer du eigentlich bist.

➡ Gott sieht dich an und bringt dir Achtung entgegen. Er kennt dich bei deinem Namen.

- Wähle einen **biblischen Satz** der Zusage und Anerkennung Gottes aus und schreibe ihn auf dein Blatt![24]

- Setze deinen **Vornamen** davor: z. B. David, ...

Wir bringen uns selbst zu Gott, wie in der Gabenbereitung der Heiligen Messe. **Lege dein Bild auf den Altar.**

➡ **Abschluss:** Um den Altar stehend, beten wir gemeinsam, z.B. Vater unser oder singen ein Lied zur Gabenbereitung, z.B. Nimm, o Herr, die Gaben.

Hinweis: Besonders eindringlich ist es, wenn Schülerinnen und Schüler im Rahmen einer Eucharistiefeier ihre Sehnsucht zum Altar bringen können.

---

[23] Vgl. Adam, Adolf/ Berger, Rupert, Pastoralliturgisches Handlexikon, 160. - Vgl. Groß, Werner, Immer und überall danken, 86.

[24] Für die biblischen Zusagen siehe: Sehnsucht nach Zuspruch – bei Gott einen Namen haben.

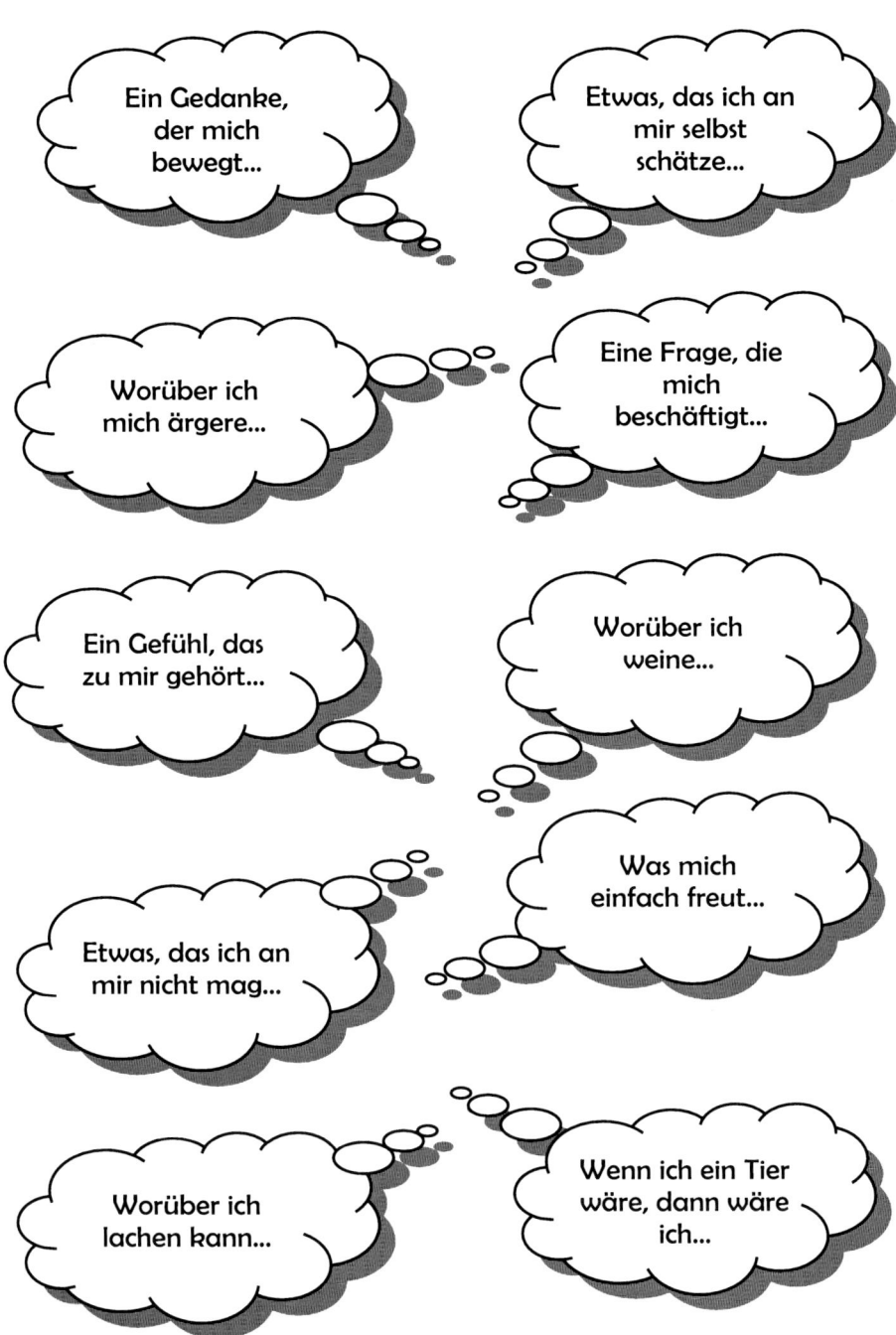

Das Sanctus geht zurück auf den Ruf der himmlischen Wesen, als dem Prophet Jesaja Gott erschien (Jes 6). Es hat seinen Sitz nach der Präfation in der Messfeier und ist der gemeindliche Lobpreis des Vaters (1. Teil) und Jesu Christi (2.Teil). Das „Hosanna" (=Hilf doch!) wurde zum Jubelruf des in Jerusalem einziehenden Christus.
„Heilig, heilig, heilig" – das wichtigste Wort wird bewusst betont und an den Anfang gesetzt. „Stärker und zugleich einfacher lässt sich die Transzendenz Gottes in diesem Zusammenhang nicht ausdrücken. [...] Schon jetzt sind Himmel und Erde erfüllt von Gottes Herrlichkeit. Ihre Spuren zeigen sich in der Schöpfung und sind in jedem Geschöpf, zumal im Menschen, dem Ebenbild Gottes." [25]

B A U S T E I N E

➡ **Impuls:** Einfach genial...
Nach einem kurzen Gespräch, angeregt durch den Satzanfang: Wähle ein **Bild** (S.80), das für dich das am besten zum Ausdruck bringt. Findet jemand kein Bild, kann er oder sie ein leeres Blatt wählen und ein eigenes Bild zeichnen oder mit Worte beschreiben.

➡ Führe den Satzanfang fort und schreibe ihn zum Bild: **Einfach genial, weil...** Du darfst deine Gedanken laut sagen.

Die Kirche kennt einen Gesang, der Gott lobt, weil er einfach genial ist: Das Sanctus oder auch Heilig genannt. Die frühen Christen haben versucht auszudrücken, dass sie Gott einfach genial, außergewöhnlich finden. Wir **lesen** den Text gemeinsam.

➡ **Gestalte das Bild weiter.** Verwende Worte aus dem Sanctus, in denen für dich deutlich wird, dass Gott einfach genial ist. Du darfst auch eigene Worte und Gedanken ergänzen.

➡ **Abschluss:** Z.B. können die Schülerinnen und Schüler schweigend im Klassenzimmer umhergehen und die „Kunstwerke" der anderen

---

[25] Groß, Werner, Immer und überall danken, 106f. – Vgl. Adam, Adolf/ Berger, Rupert, Pastoralliturgisches Handlexikon, 468.

betrachten. Es empfiehlt sich der Freiwilligkeit anheim zu stellen, ob jemand sein Bild zeigen will.
Gemeinsam schließt man mit dem Sanctus (gesungen oder gebetet).

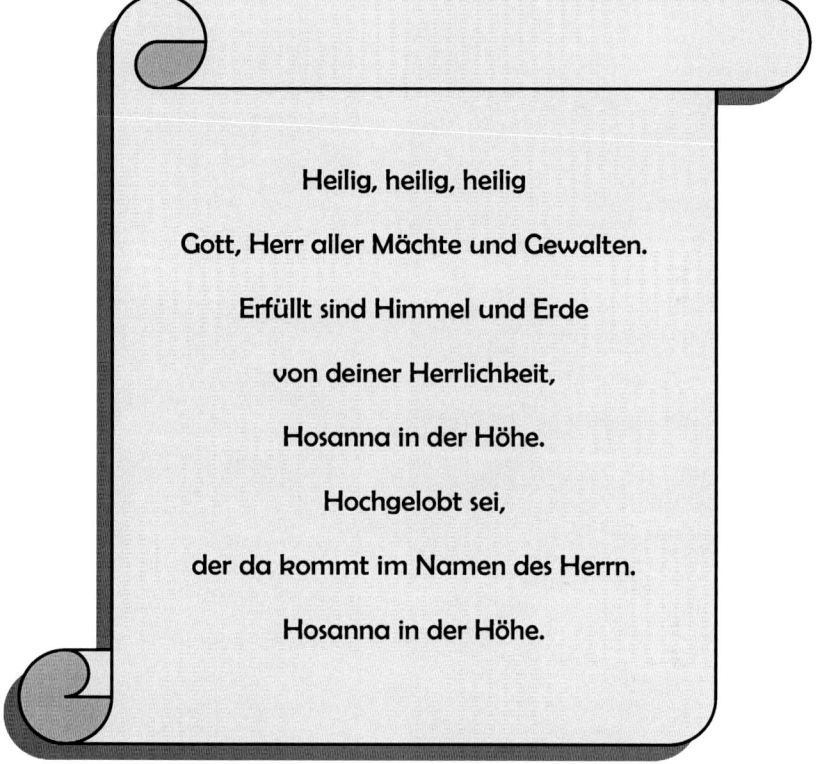

Heilig, heilig, heilig

Gott, Herr aller Mächte und Gewalten.

Erfüllt sind Himmel und Erde

von deiner Herrlichkeit,

Hosanna in der Höhe.

Hochgelobt sei,

der da kommt im Namen des Herrn.

Hosanna in der Höhe.

Mit dem Begriff Wandlung bezeichnet man das Geheimnis unseres Glaubens, in dem Christus Brot und Wein in seinen Leib und sein Blut wandelt und so heilsam in unserer Mitte gegenwärtig wird, damit wir das Leben haben (Joh 6,53). Dies ist „keine magische oder mechanische Handlung. Sie geschieht vielmehr durch ein im Namen Jesu Christi an Gott, den Vater gerichtetes Gebet um die Gabe des Heiligen Geistes".[26] Die Wandlung ereignet sich nach Überzeugung der Kirche während des Hochgebetes. Theologische Spekulationen legten den Zeitpunkt im Westen auf den Einsetzungsbericht, im Osten auf die Wandlungsbitte fest.[27]

BAUSTEINE

➡ **Impuls**:

- Angenommen du könntest etwas an dir verändern? Was würdest du wählen?
- Was soll sich in deinem Leben verwandeln?
- Wenn du auf der Welt eine Sache verändern könntest, was wäre das?

➡ **Gestalte** deine Antwort im mittleren Kreis.

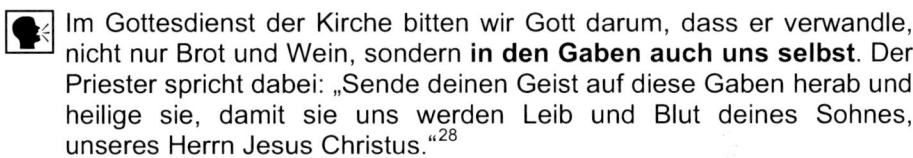 Im Gottesdienst der Kirche bitten wir Gott darum, dass er verwandle, nicht nur Brot und Wein, sondern **in den Gaben auch uns selbst**. Der Priester spricht dabei: „Sende deinen Geist auf diese Gaben herab und heilige sie, damit sie uns werden Leib und Blut deines Sohnes, unseres Herrn Jesus Christus."[28]

➡ Gott verwandelt uns und die Welt, meistens anders als wir uns das vorstellen. Er weiß aber, was gut für uns ist. **Fülle den äußeren Kreis,**

---

[26] Katholischer Erwachsenenkatechismus. Das Glaubensbekenntnis der Kirche, hg. von der Deutschen Bischofskonferenz, Bonn 1985, 349.

[27] Vgl. Adam, Adolf/ Berger, Rupert, Pastoralliturgisches Handlexikon, 547.

[28] Aus dem Zweiten Hochgebet der Kirche.

indem du einen Ruf aus den Sprechblasen immer wieder schreibst. Beim Schreiben kannst du ihn **verändern** und erweitern.[29]

➡ **Bringe deinen Wunsch nach Veränderung zu Gott und lege ihn auf den Altar.** Wir bitten ihn, dass er unser Leben so verwandelt, dass es gut für uns ist.
Es empfiehlt sich, dass die Schülerinnen und Schüler einzeln zum Altar gehen und ihr Blatt ablegen.

➡ **Abschluss:** Um den Altar stehend beten wir gemeinsam, z.B. das Vaterunser.

Hinweis: Besonders ausdrücklich und eindringlich ist es, wenn die Schülerinnen und Schüler im Rahmen einer Eucharistiefeier ihre Sehnsucht zum Altar bringen und den Leib des Herrn empfangen können.

---

[29] Idee nach Alois Weber, Passau

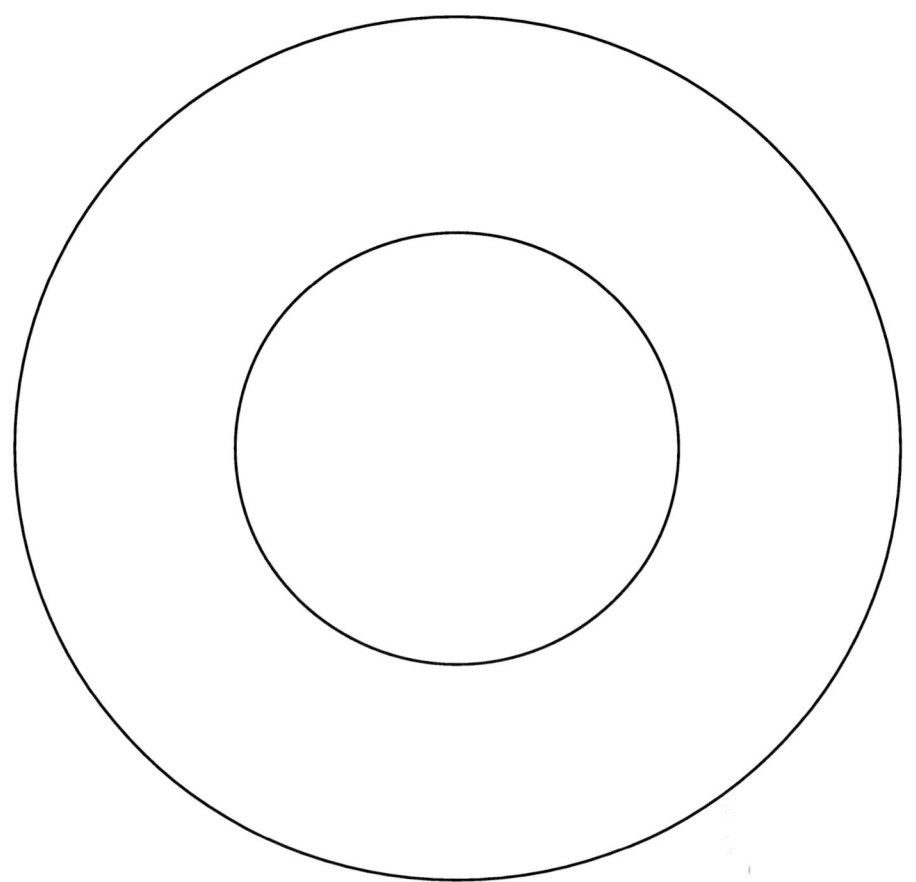

> *Das Brotbrechen ist Kern der Eucharistie und in der Zeit der ersten Christen Begriff und Erkennungszeichen für die Feier selbst: Die Emmausjünger erkannten den Herrn, als er mit ihnen das Brot brach (Lk 24,30). Das Brot des Lebens wird – nach dem Vorbild Christi im letzten Abendmahl – gebrochen und verweist in seiner Symbolik auf das Kreuz. Erst wenn es zerbrochen, zerstückelt ist, wird der Gläubige Teilnehmer der Heilsgeschichte Gottes im Sterben und Auferstehen Christi. Die Menschen gewinnen Gemeinschaft mit Christus und untereinander (1 Kor 10,16-17).[30]*

BAUSTEINE

➡ **Impuls** für ein kurzes Gespräch: Was alles zerbrechen kann...

➡ **Was in meinem Leben schon alles zerbrochen ist...** Du hast jetzt Zeit, deine Gedanken in das Bild der zerbrochenen Hostie zu schreiben.

🗣 Gottes Sohn selbst ist am Kreuz zerbrochen. Aber Gott hat das Zerbrochene in seine Hand genommen und besiegt: Er hat seinen Sohn auferweckt. Das ist unsere Hoffnung: **Seit Christus findet alles Zerbrochene in Gott sein Heil.** Er ist für uns zerbrochen, damit wir leben können. So ist er zum Brot des Lebens geworden. Das feiern wir in jeder Eucharistie, wenn der Priester das Brot in Form der Hostie bricht und an die Gemeinde austeilt.

➡ **Gestalte** das Bild so, dass unsere **Hoffnung zum Ausdruck kommt**: Gott ist stärker als alles Zerbrochene, er hat den Tod besiegt. Seit Christus findet alles Zerbrochene in Gott sein Heil.

Hinweis: Besonders wenn die Auseinandersetzung mit den eigenen Lebensscherben angeregt wird, ist ein geschützter Rahmen unumgänglich.

---

[30] Vgl. AEM 56c. - Vgl. Adam, Adolf/ Berger, Rupert, Pastoralliturgisches Handlexikon, 77f.

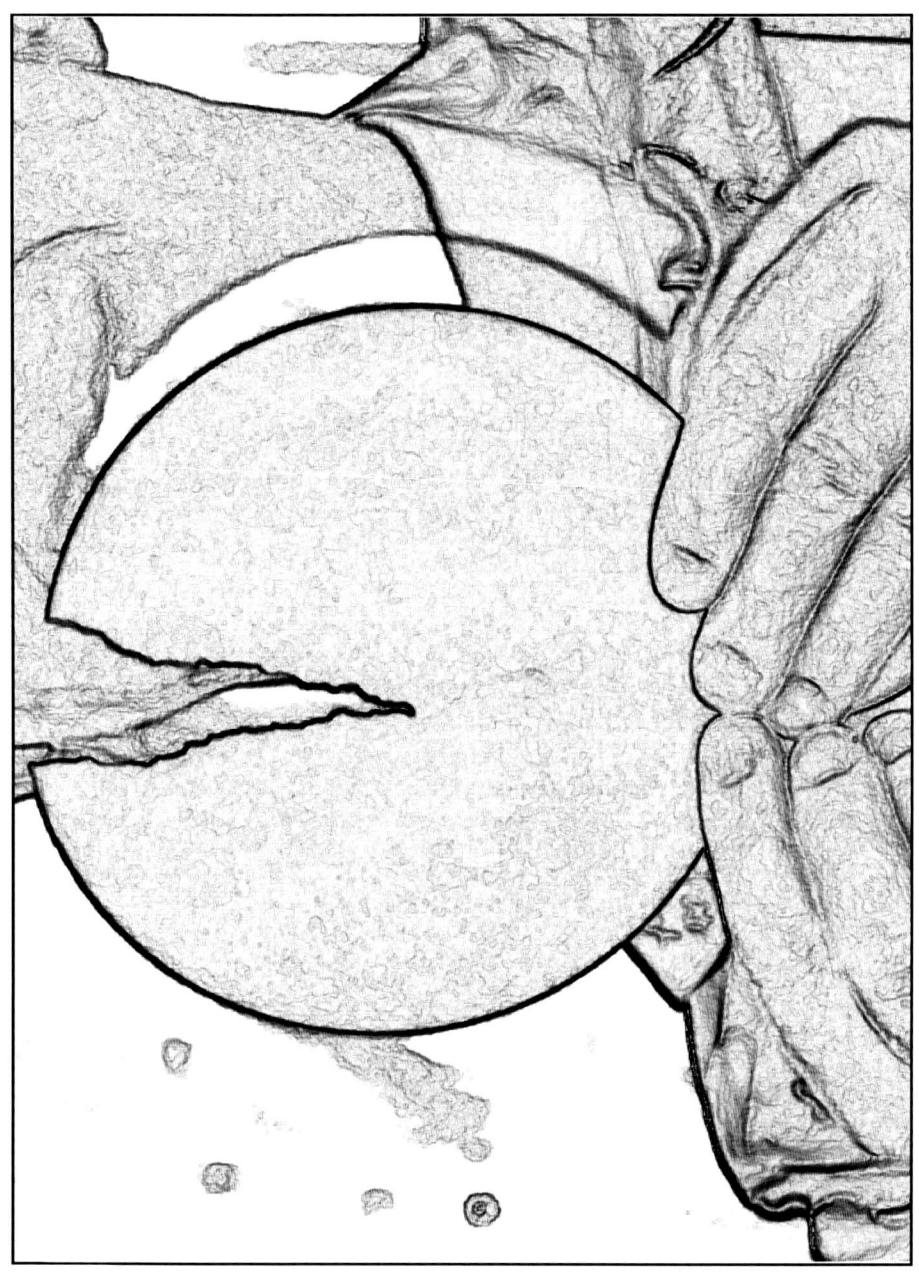

> *„Frieden stiftende Kraft wohnt der Eucharistiefeier inne und geht von ihr aus"* [31], *indem sie Christus, den Friedensboten, ja den Frieden selbst in die Mitte stellt. Dieser alte und zutiefst christliche Gruß wurzelt im Gruß des Auferstandenen (z.B. Lk 24,36) und wird von Paulus in seinen Briefen vorangestellt (z.B. Röm 1,7). Wir wünschen uns den Frieden, den die Welt nicht geben kann, der vielmehr vom Herrn ausgeht und im Sinne des hebräischen „Shalom" das ganzheitliche Heilsein des Menschen meint: Friede mit Gott, untereinander, mit der Schöpfung und in uns selbst.*

BAUSTEINE

➡ In der Mitte bzw. im Raum verteilt liegen einige **bildhafte Ausdrücke**, die in unterschiedlicher Ausprägung mit dem Begriff Frieden in Verbindung stehen.

➡ **Impuls:** Eine unserer tiefsten Sehnsüchte, ist der Wunsch nach Frieden. „Der Friede besteht nicht darin, dass kein Krieg ist"[32], er umfasst mehr und (be-)trifft uns im Herzen. Für jede und jeden hat Friede eine eigene Färbung.

➡ **Gehe auf Entdeckungstour** und stelle dich zu dem Ausdruck, der deinem Wunsch nach Frieden zur Zeit entspricht. Ein leeres Blatt liegt bereit, wenn sich Schüler keinem der Begriffe zuordnen können und ein eigenes Bildwort einbringen möchten.

➡ Die Teilnehmer verleihen dem gewählten Ausdruck ihre Stimme und sagen ihn laut. Oder die Gruppen **sagen** auf Zeichen miteinander ihren gemeinsamen Begriff **laut** in die Runde.

Die Lehrkraft leitet zum Friedensgruß über: Z.B. Jesus Christus ist unser Friede. Er verbindet uns mit Gott und untereinander mit unserer je eigenen Sehnsucht nach Frieden. Er ist in die Mitte seiner Jünger getreten und hat ihnen Frieden gewünscht. Gehe auf deine Klassenkameraden zu und wünsche ihnen diesen Frieden, den wir alle brauchen: **Der Friede sei mit dir** – so wie wir es in Gottesdiensten tun. Nimm dir dafür Zeit und schaue deinem Partner oder deiner Partnerin in die Augen.

---

[31] Groß, Werner, Immer und überall danken, 124. – Vgl. AEM 56b.
[32] Gaudium et spes, Art. 78.

➡ Der Friedensgruß kann auch mit einem Wunsch in Anlehnung an die Begriffe verbunden werden, z.B.: Der Friede sei mit dir und ich wünsche dir, dass in deinem Leben Rosen blühen.

Beispiele:

Herzensruhe	Rosen blühen
von Gott berührt	gelobt werden
endlich wieder aufatmen	sich verstanden fühlen
eine Umarmung	ein Lächeln
in Ruhe gelassen werden	Geborgenheit
zerbrochene Kanonenrohre	Hand in Hand
Versöhnung	Neubeginn

„Heute scheinen das größte Hindernis für eine Verlebendigung der Eucharistie eine bloß technische Sicht des Lebens und das Konsumdenken zu sein. In der Eucharistiefeier wird ja nichts ‚gemacht' und nichts ‚konsumiert', sonst ist sie in ihrem Wesen missverstanden." [33] *Es geschieht etwas von Gott her: Christus schenkt sich uns bedingungslos mit seiner Liebe, die wir uns als geistliche Nahrung ‚einverleiben', um so auch untereinander ein Leib zu werden. So ist der Kommunionempfang die „ganz natürliche Teilnahme an der Eucharistie"* [34]*, die Teilnahme an der grenzenlosen Liebe Gottes.*[35]

BAUSTEINE

➡ **Impuls** zum Einstieg in ein kurzes Gespräch: Menschen haben Hunger nach ..., Menschen hungern aber auch nach Dingen, die man nicht sehen kann...

➡ Im Raum sind verschiedene Sätze „Ich bin hungrig nach..." verteilt oder werden auf Folie präsentiert. **Wähle** einen aus, der heute zu dir passt und klebe oder schreibe ihn in die Mitte einer Heftseite.

➡ **Gestalte** das Wort, das für dich wichtig ist, mehrmals um den Satz. Du darfst deinen Satz (dein Wort) **laut sagen**.

Christus schenkt sich uns in der Eucharistiefeier der Kirche als Brot, als Nahrung für unsere Seele. Er will unseren Hunger, unsere tiefste Sehnsucht stillen. In der **Kommunion** dürfen wir vom „**Brot des Lebens**" essen.

➡ **Schreibe** zu deinem Satz eine Bitte: Jesus, ich bitte dich ganz dringend...

---

[33] Gerken, Alexander, Art. Eucharistie, in: Praktisches Lexikon der Spiritualität, hg. von Christian Schütz, Freiburg 1992, 352.
[34] Adam, Adolf/ Berger, Rupert, Pastoralliturgisches Handlexikon, 268.
[35] Vgl. Ecclesia Catholica. Katechismus der Katholischen Kirche, München u.a. 1993, Nr. 1331. – Vgl. Katholischer Erwachsenenkatechismus, Das Glaubensbekenntnis der Kirche, 358f. – Vgl. AEM 56.

➡ Gestalte zu deinem Text eines der Gebete bzw. einen **Kommunionvers** aus der Heiligen Messe[36], die im Bild zu sehen sind.

➡ **Abschluss:** Um den Altar stehend, bringen die Schülerinnen und Schüler einen Ausdruck, der ihnen wichtig geworden ist, in das Gebet ein. Alle beginnen mit dem Kreuzzeichen, die Lehrkraft leitet beispielsweise mit folgenden Worten ein: Guter Gott, wir kommen zu dir mit unserer Sehnsucht nach Erfüllung und wissen, dass du uns zuhörst... Das Gebet schließt im gemeinsamen Kreuzzeichen.

Hinweis: Besonders ausdrücklich und eindringlich ist es, wenn die Kinder und Jugendlichen im Rahmen einer Eucharistiefeier ihre Sehnsucht zum Altar bringen können und auch an der Kommunion teilnehmen.

---

[36] Die Kommunionverse bzw. Gebetsabschnitte entstammen: Messbuch. Die Feier der Heiligen Messe. Für die Bistümer des deutschen Sprachgebietes. Kleinausgabe, Einsiedeln u.a. 1976, 521 bzw. aus den Tagesmessen.

Ich bin hungrig nach einem Menschen, der mir vertraut.	Ich bin hungrig nach Jesus, der mich heilen kann.
Ich bin hungrig nach innerer Kraft.	Ich bin hungrig nach einem Menschen, der mir Mut zuspricht.
Ich bin hungrig nach einem Menschen, der mich versteht.	Ich bin hungrig nach einem Menschen, der mich nicht übersieht.
Ich bin hungrig nach einem Lachen.	Ich bin hungrig nach Geborgenheit.
Ich bin hungrig nach Freiheit.	Ich bin hungrig nach einem Menschen, der mich in den Arm nimmt.
Ich bin hungrig nach einem Lebenssinn.	Ich bin hungrig nach einem Menschen, der mich nicht im Stich lässt.
Ich bin hungrig nach...	Ich bin hungrig nach...

Wer von diesem Brot isst,
wird leben in Ewigkeit.

Kostet und seht, wie gut
der Herr ist.

Aller Augen warten auf
dich und du gibst ihnen
Speise zur rechten Zeit.

Herr, ich bin nicht würdig,
dass du eingehst unter
mein Dach, aber sprich
nur ein Wort, so wird
meine Seele gesund.

Gut ist der Herr zu dem, der
auf ihn hofft, zur Seele, die
ihn sucht.

Mit seinen Flügeln beschirmt
dich der Herr, unter seinen
Schwingen findest du
Zuflucht.

Am Ende liturgischer Feiern steht der Segen im Namen des dreieinigen Gottes. Der Begriff „benedicere", der mit Segen übersetzt wird, bedeutet, dass uns von Gott her Gutes zugesagt wird. Er ist die Antwort auf die im Menschen tief verwurzelte Sehnsucht nach Schutz und geglücktem Leben. Diesen Wunsch kann er aber nicht selbst stillen, sondern ist verwiesen auf Gott, den Ursprung alles Guten. Wir werden im Gottesdienst entlassen im Vertrauen auf ihn, der sein Volk zu jeder Zeit segnend begleitet und sich in Jesus Christus mit der Fülle allen Segens zeigt.[37]

B AUSTEINE [38]

 Wir Menschen sehnen uns nach Schutz und Glück. Im Segen am Ende des Gottesdienstes wird uns das von Gott her zugesagt.

➡ **Lies** das Gebet sorgfältig und bewusst mehrere Male!

➡ Achte genau auf die unteren Zeilen jeder Strophe: „damit ich/ die ...". Versuche, den Inhalt dieser Sätze **in deine Sprache** zu übersetzen.

➡ Wenn du dir auf diese Weise klar geworden bist, worum der Mensch hier Gott bittet, kannst du die „Wenn- bzw. Wo-Sätze" selbst **ergänzen**.

➡ Überlege dir, wie du die neu entstandenen Strophen anordnen möchtest und **gestalte** das Gebet auf einem DIN-A5-Blatt. Eine besondere Bedeutung hat der letzte, kursiv gedruckte Satz.

Hinweis: Eine solche bzw. ähnliche Vorgehensweise empfiehlt sich auch bei den anderen beiden Texten, die Schüler und Schülerinnen mit ihren Gedanken ergänzen können

---

[37] Vgl. Groß, Werner, Immer und überall danken, 146.

[38] Siehe zu diesen Bausteinen auch: Sehnsucht nach Geborgenheit – Das Kreuzzeichen, S.46

Segne mich, Gott,
wenn mir die Arbeit
leicht von der Hand geht,
wenn die Vorhaben gelingen,
die Probleme gelöst werden,
damit ich nicht vergesse,
dass du die Quelle meiner Kraft bist.

Segne mich, Gott,
und lass mich ein Segen
für andere sein.

Segne mich, Gott,
wo mein Wort
und mein Lachen
andere stärkt,
wo mein Tun
aufrichtet, hilft,
damit die
Menschen
durch mich
hindurch dich
erkennen.

Segne mich, Gott,

wenn _____
damit ich nicht vergesse,
dass du die Quelle meiner Kraft bist.

Segne mich, Gott,

wenn _____
damit ich meine Grenzen annehme
und meine Hoffnung auf dich setze.

Segne mich Gott,

wo _____
damit die Menschen
durch mich hindurch dich erkennen.

Segne mich, Gott,

wo _____
damit ich mein Versagen erkenne
und daraus lerne.

Segne mich, Gott
und lass mich ein Segen für andere sein.

Gott segne dich

Gott segne deine **Hände**,
dass sie reichlich geben,

dass sie _____

_____

Gott segne deine **Füße**,
dass sie sich zu den anderen begeben,

dass sie _____

_____

Gott segne deine **Augen**,

dass sie _____

_____

Gott segne deine **Ohren**,

dass sie _____

_____

Gott segne deinen **Mund**,
dass er lachen kann,

dass er _____

_____

Anfangen mit Gott

Du, Gott des Anfangens,
segne uns,

wenn _____

_____

Du, Gott des Anfangens,
behüte uns,

wenn _____

_____

Du, Gott des Anfangens,
lass dein Angesicht über uns leuchten,

wenn _____

_____

Du, Gott des Anfangens,
schenke uns Frieden,

wenn _____

_____

 **SEHNSUCHT** *Gott zu schauen*   Die Anbetung

---

Die eucharistische Anbetung entstand aus dem Wunsch der Gläubigen, das konsekrierte Brot mit den Augen zu schauen. So entwickelte sich zunächst das Erheben und Zeigen von Brot und Wein in der Eucharistiefeier, sowie die Fronleichnamsprozession, letztere besonders im Zuge der Gegenreformation. Wir dürfen uns bewusst sein, dass der Herr selbst lebendig und heilsam gegenwärtig ist und sich mit uns in der Kommunion verbinden und uns zutiefst erfüllen will: Sieh', hier ist das bleibende Angesicht Gottes auf Erden.[39]

BAUSTEINE

➡ **Impuls**: Gott sehen, das würden wir alle gern...

- Wenn Gott einen Namen hätte, wie würde er wohl lauten?
- Wenn Gott ein Gesicht hätte, wie würde er wohl aussehen?
- Wenn du Gott eine Frage stellen könntest, wie würde sie lauten?

➡ **Gestalte** deine Antworten zeichnerisch oder mit Worten auf dem Blatt in die entsprechenden Rahmen

 Wir kennen den Wunsch, Gott sehen zu wollen. Diese Sehnsucht bewegt die Menschen seit jeher. Wir können unseren Gott **anschauen**. Er ist im Brot der Eucharistiefeier mitten unter uns, in Jesus Christus.

➡ Mit den Schülerinnen und Schülern an dieser Stelle in der Kirche vor dem Brot des Lebens inne zu halten, anzubeten, wäre sehr sinnvoll. Empfehlenswert ist eine gewisse Zeit der Stille, eine Schriftlesung, ein gemeinsames Gebet (z.B. das Vaterunser) oder Lied.

Auch können die Jugendlichen und Kinder ihre notierten Fragen und ihre Gottesnamen **vor der Monstranz laut sagen**. Die eucharistische Anbetung endet mit dem sakramentalen Segen durch den Priester oder Diakon.

---

[39] Vgl. Adam, Adolf/ Berger, Rupert, Pastoralliturgisches Handlexikon, 47f.

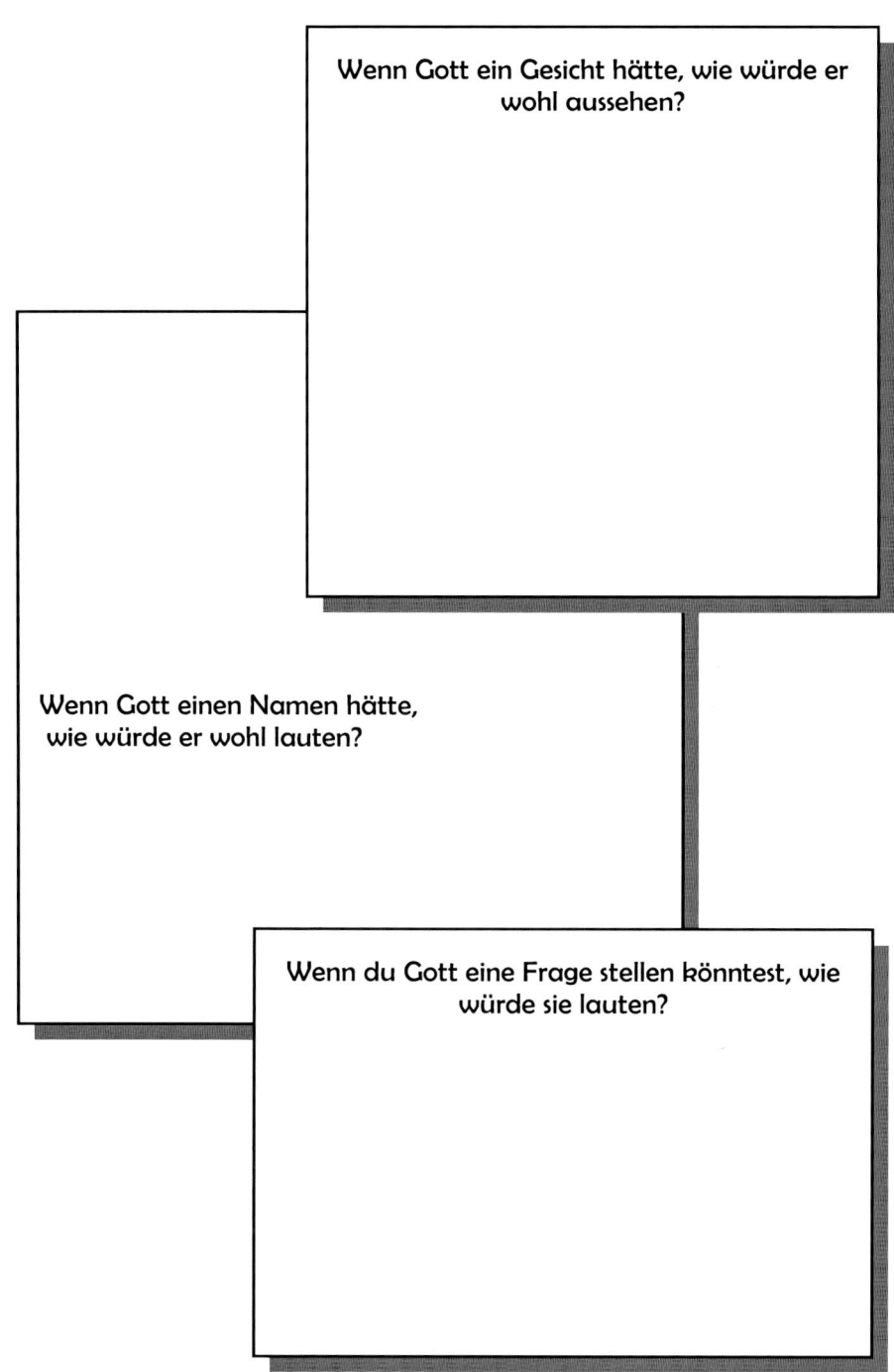

Wenn Gott ein Gesicht hätte, wie würde er wohl aussehen?

Wenn Gott einen Namen hätte, wie würde er wohl lauten?

Wenn du Gott eine Frage stellen könntest, wie würde sie lauten?

Das Te Deum als altchristlicher Hymnus stellt einen der ältesten Lobrufe dar und ist eng mit dem Gloria verbunden. Es entstand zwischen dem 3. und dem 5. Jahrhundert und wird der Tradition gemäß den Heiligen Ambrosius und Augustinus zugeschrieben. Im Barock entwickelte sich das Te Deum zum Dankhymnus bei Krönungen, Hochzeiten und militärischen Siegesfeiern. Der erste Teil widmet sich dem Lob des himmlischen Vaters, während sich der zweite Teil dem Sohn Jesus Christus zuwendet. Der dritte Teil ist als Bittgebet formuliert. Das Te Deum findet heute an Sonntagen und Hochfesten in der Liturgie des Stundengebets seinen Platz.[40] Es versucht in Worte zu fassen, was Paulus so formuliert: „Freut euch im Herrn zu jeder Zeit! Noch einmal sage ich: Freut euch! [...] Denn der Herr ist nahe!" (Phil 4,4)

BAUSTEINE

➡ **Impuls:** Menschen siegen in den unterschiedlichsten Situationen... Überlege Dir mit deinem Partner oder deiner Partnerin zusammen eine **Geste des Sieges**, die du dann vorstellst.

 Es gibt in der Kirche einen Gesang, der im Mittelalter zu Krönungen, Hochzeiten und Siegesfeiern gesungen wurde: Das Te Deum. Es preist Gott als Sieger und Gewinner. Wir **lesen** Ausschnitte daraus gemeinsam.

➡ **Unterstreiche** die Begriffe des Textes, in denen für dich am deutlichsten „Sieg" zum Ausdruck kommt. Du kannst anschließend deine Begriffe laut sagen.

➡ **Markiere** mit einer anderen Farbe, was Gott besiegt hat.

➡ Impuls: Denke an das Leben Jesu. Er hat so manches besiegt. **Schreibe** deine Ideen in das Banner.

➡ **In welcher Situation hast du schon gewonnen?** Schreibe deine Siege in einer anderen Farbe dazu (evtl. auch jene, auf die du in deinem Leben hoffst).

---

[40] Vgl. Adam, Adolf/ Berger, Rupert, Pastoralliturgisches Handlexikon, 513f. – Vgl. auch: Adam, Adolf, Te Deum laudamus. Große Gebete der Kirche, Freiburg 1987, 208 (Anm. zu S.16).

➡ **Gestalte** das Banner zu einem Bild des Sieges. Jeder soll sehen können: Hier wird gewonnen.

➡ **Abschluss**: In die Stille sagen Schülerinnen und Schüler die Ausdrücke aus dem Te Deum oder ihrem Bild, die ihnen wichtig geworden sind. Danach beschließen wir mit den ersten Worten: *Dich, Gott, loben wir, dich Herr, preisen wir. Dir, dem ewigen Vater, huldigt das Erdenrund.*

Text für jüngere Schüler

Nach dem Te Deum der Kirche

Dich, Gott, loben wir,
dich Herr, preisen wir,
Dich, den ewigen Vater, ehrt die ganze Erde.

Dich preist über das Erdenrund
die heilige Kirche;
dich, den Vater unendlicher Majestät.

Du König der Herrlichkeit, Christus.
Du bist des Vaters ewiger Sohn.
Du bist Mensch geworden,
den Menschen zu befreien.
Du hast bezwungen des Todes Stachel
und denen, die glauben,
das Reich des Himmels aufgetan.

Dich bitten wir,
komm deinen Dienern zur Hilfe.
Rette dein Volk, o Herr,
und führe es und erhebe es bis in Ewigkeit.
Auf dich, o Herr,
habe ich meine Hoffnung gesetzt.
In Ewigkeit werde ich nicht zugrunde gehen.

Aus dem Te Deum der Kirche

Dich, Gott, loben wir,
dich Herr, preisen wir,
Dir, dem ewigen Vater, huldigt das Erdenrund.

Dich preist der glorreiche Chor der Apostel;
dich preist über das Erdenrund
die heilige Kirche;
dich, den Vater unermessbarer Majestät;
deinen wahren und einzigen Sohn;
und den Heiligen Fürsprecher Geist.

Du König der Herrlichkeit, Christus.
Du bist des Vaters allewiger Sohn.
Du bist Mensch geworden,
den Menschen zu befreien.
Du hast bezwungen des Todes Stachel
und denen, die glauben,
die Reiche der Himmel aufgetan.
Du sitzest zur Rechten Gottes
in deines Vaters Herrlichkeit.
Als Richter, so glauben wir,
kehrst du einst wieder.

Dich bitten wir denn,
komm deinen Dienern zu Hilfe.
Rette dein Volk, o Herr, und segne dein Erbe;
und führe es und erhebe es bis in Ewigkeit.
Auf dich, o Herr,
habe ich meine Hoffnung gesetzt.
In Ewigkeit werde ich nicht zuschanden.

alternativ:

Nach dem Te Deum der Kirche

Großer Gott, wir loben dich,
Herr wir preisen deine Stärke.
Vor dir neigt die Erde sich
und bewundert deine Werke.
Wie du warst vor aller Zeit,
so bleibst du in Ewigkeit.

Heilig, Herr Gott Zebaoth!
Heilig, Herr der Himmelsheere!
Starker Helfer in der Not!
Himmel, Erde, Luft und Meere
sind erfüllt von deinem Ruhm;
alles ist dein Eigentum.

Dich, Gott Vater auf dem Thron,
loben Große, loben Kleine.
Deinem eingebornen Sohn
singt die heilige Gemeinde,
und sie ehrt den Heil'gen Geist,
der uns seinen Trost erweist.

Ignaz Franz 1771 nach dem „Te Deum"

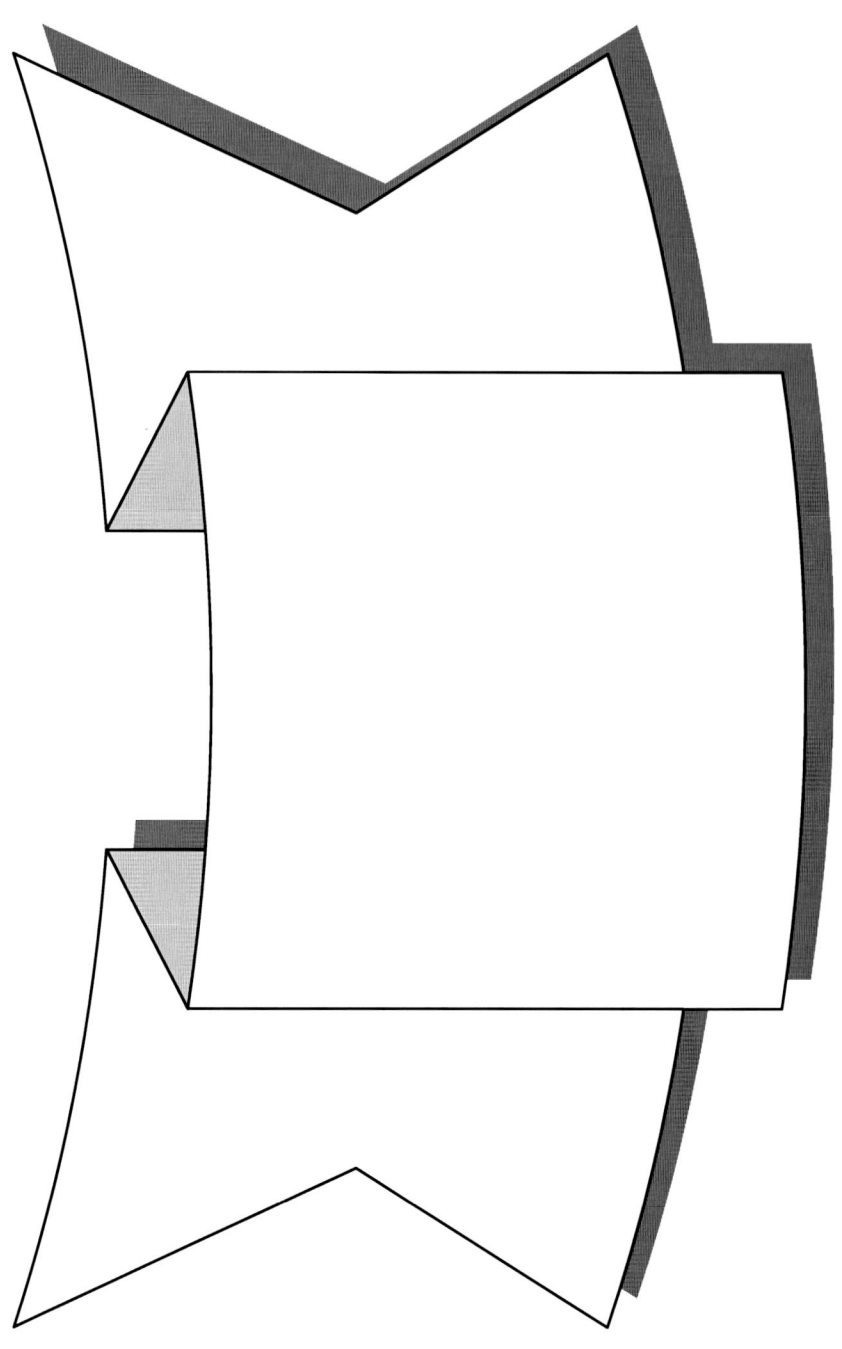

Durch die Begegnung mit dem Kreuzweg haben die Schüler und Schülerinnen die Möglichkeit, ihre eigene Verletztheit, ihre Niederlagen und Sorgen, ihr Kreuz zu erspüren und dies kreativ gestaltend auszudrücken. Sicher eignet sich diese Begegnung mit dem Kreuzweg am besten in der Fastenzeit. Aber diese Einheit ist jahreszeitlich nicht gebunden. Sie kann mit schwierigen Situationen und persönlichen Notlagen verbunden werden. Das Kreuz steht für uns Christen jedoch nicht allein für das Leid, weist es doch auf Hoffnung und Erlösung hin. „Auferstehung" geschieht schon jetzt. Gerade bei Inhalten, die schwierige Situationen hervorrufen können, ist Sensibilität unabdingbar.

B A U S T E I N E

➡ **Verwendete Materialien**

- Bilder (und Bildbeschreibung) eines Kreuzweges
- DIN-A3 Papier
- (Wachsmal-) Stifte

➡ **Einstieg**

Eine Stilleübung dient dazu, die Schülerinnen und Schüler auf den Kreuzweg einzustimmen. Durch sie sollen die Kinder und Jugendlichen zu ihrer Mitte finden, um das Folgende besser nachzuerleben, sich in bestimmte Situationen des Kreuzweges einzufühlen und sich damit identifizieren zu können.

➡ **Vorgehensweise**

Der Kreuzweg hängt mit einer kleineren Auswahl an **Stationen** im Flur. Für die 15. Station (Auferstehung) wird ein leeres Blatt bereitgestellt. Die einzelnen Stationen sind in genügendem Abstand befestigt, so dass die Schülerinnen und Schüler diese ohne Störungen auf sich wirken lassen können. Unter den Bildern findet sich in **kurzen** und knappen Worten eine **Bildbeschreibung** bzw. Impulse zum Bild.[41]

➡ **Wähle** ein Station aus, die dich persönlich anspricht und gestalte dein eigenes Bild.

- Gestalte eine gewählte Station und **verfremde** sie nach eigenen Vorstellungen mit Farbe, Form,... so, dass es **dein** **Bild** wird!
- Gestalte die 15. Station (Auferstehung).

➡ Finde eine passende **Überschrift**

➡ Verfasse eine **Bildbeschreibung** für dein selbst gestaltetes Bild.

➡ Die Schüler und Schülerinnen sind eingeladen, ihr Werk **vorzustellen**. Dabei muss zur Sprache kommen, dass das Kreuz nicht nur Leid ist, sondern für uns Christen Hoffnung auf Hilfe und Erlösung – hier und jetzt.
Eventuell können die Bilder mit Überschrift und Bildbeschreibung im Schulhaus ausgestellt werden.

➡ Das gemeinsame Kreuzzeichen leitet das abschließende **Gebet** ein, bei dem die Kinder und Jugendlichen ihre Anliegen **in Stille** vor Gott bringen.

---

[41] Die Beschreibung unter jedem Bild überträgt die Leidensgeschichte Jesu in die heutige Zeit, zum Beispiel: Jesus fällt unter dem Kreuz – Was bringt mich zu Fall? Krankheit, Einsamkeit, Alkohol, Drogen, Angst vor Arbeitslosigkeit etc.

1. Station:
Jesus wird zum Tode verurteilt

Pilatus gab den Befehl, Jesus zu geißeln und zu kreuzigen.
(Mt 27,26)

verurteilt werden - verletzt werden und verletzen - unschuldig

---

7. Station:
Jesus fällt zum zweiten Mal unter dem Kreuz

Jesus bricht unter der Last des Kreuzes zusammen.

Ich kann nicht mehr - Das halte ich nicht mehr aus - unterdrückt - Was bringt mich zu Fall?

---

10. Station:
Jesus wird seiner Kleider beraubt

Dann warfen sie (die Soldaten) das Los und verteilten seine Kleider unter sich.
(Lk 23,34)

bloß gestellt - ausgelacht werden - nackt - sich schämen - hilflos

---

12. Station:
Jesus stirbt am Kreuz

Mein Gott, mein Gott, warum hast du mich verlassen.
(Mt 27,46)

festgenagelt - nicht mehr weglaufen können - chancenlos - Hoffnung, dass mich doch noch einer hält

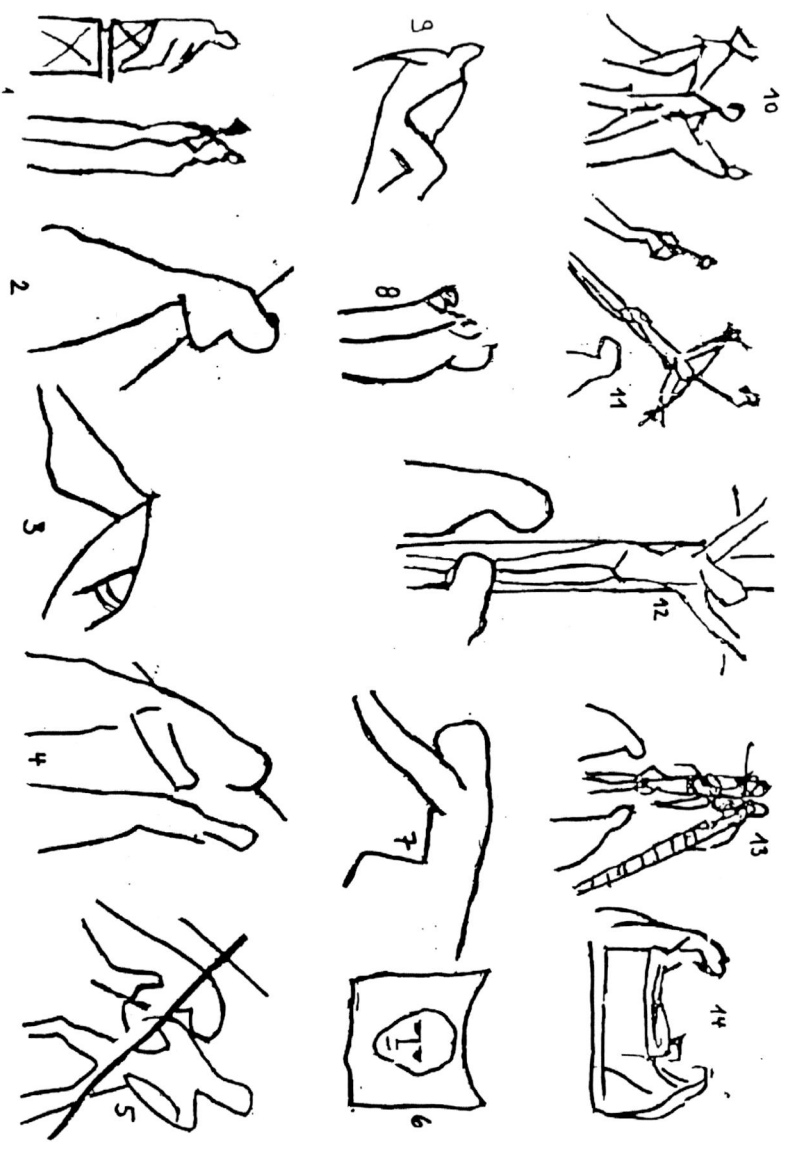

Das Kreuz symbolisiert meinen Schmerz, meine Sehnsucht.

Der Regen ist die Trauer. Die Rose, die Hoffnung. Aber ob es Hoffnung gibt, ich weiß es nicht.

Meine Zukunft ist ungewiss.
Ich weiß nicht, was ich machen soll.
Meistens könnte ich explodieren.
Das Blut und das Schwarze ist meine Trauer über die kranke Welt.
Sie soll sich bessern. Leid, Verbrechen und Krieg sollen verschwinden.
Mein tragendes Kreuz.

Tobias Furtner, 9. Jahrgangsstufe

Abkürzungs- und Literaturverzeichnis

1. Abkürzungen

AEM   Allgemeine Einführung in das Messbuch, in: Messbuch. Die Feier der Heiligen Messe. Für die Bistümer des deutschen Sprachgebietes. Kleinausgabe, Einsiedeln 1976, 23*-73*.

Dei Verbum   Dogmatische Konstitution über die göttliche Offenbarung, in: Rahner, Karl/ Vorgrimler, Herbert, Kleines Konzilskompendium. Alle Konstitutionen, Dekrete und Erklärungen des Zweiten Vaticanums in der bischöflich genehmigten Übersetzung, Freiburg i.Br. [3]1967, 361-382.

Gaudium et spes Pastorale Konstitution über die Kirche in der Welt von heute, in: Ebd., 423-552.

2. Literaturverzeichnis

- Adam, Adolf/ Berger, Rupert, Pastoralliturgisches Handlexikon, Freiburg i.Br. [6]1994.
- Adam, Adolf, Te Deum laudamus. Große Gebete der Kirche, Freiburg 1987.
- Bürgermeister, Konrad/ Moser, Marieluise/ Wirth, Andrea: Bei Sinnen sein. Zu sich und zu Gott finden. Ganzheitliche Wege persönlichen Betens in Schule und Gemeinde. Ein Praxisbuch, Winzer [2]1998.
- Ecclesia Catholica. Katechismus der Katholischen Kirche, München 1993.
- Enzyklika SPE SALVI von Papst Benedikt XVI. an die Bischöfe, an die Priester und Diakone, an die gottgeweihten Personen und an alle Christgläubigen über die christliche Hoffnung vom 30. November 2007, hg. vom Sekretariat der Deutschen Bischofskonferenz (Verlautbarungen des Apostolischen Stuhls 179), Bonn [3]2008.
- Gerken, Alexander, Art. Eucharistie, in: Praktisches Lexikon der Spiritualität, hg. von Christian Schütz, Freiburg i. Br. 1992, 350-352.
- Groß, Werner, Immer und überall danken. Die Eucharistie verstehen und feiern, Ostfildern 2000.
- Guardini, Romano, Von heiligen Zeichen, Mainz 1992.
- Jungmann, Josef Andreas, Missarum Sollemnia. Band I. Innsbruck 1962.

- Katholischer Erwachsenenkatechismus. Das Glaubensbekenntnis der Kirche, hg. von der Deutschen Bischofskonferenz, Bonn 1985.
- Lätzel, Martin (Hrsg.), Gottes ungeliebte Kinder. Briefe an biblische Außenseiter, München 2005.
- Materialbrief RU, 4/2004, Bausteine für den Religionsunterricht. Beiheft zu den Katechetischen Blättern, Ein Hauch des Heiligen. Liturgische Entdeckungen im Religionsunterricht, Zusammengestellt und erarbeitet von Bernhard Bosold, München 2004.
- Mendl, Hans, Lernen an (außer-)gewöhnlichen Biografien. Religionspädagogische Anregungen für die Unterrichtspraxis, Donauwörth 2005.
- Messbuch, Die Feier der Heiligen Messe. Für die Bistümer des deutschen Sprachgebietes. Kleinausgabe, Einsiedeln u.a. 1976.
- Rotzetter, Anton, An der Grenze zum Unsagbaren. Für eine zeitgemäße Gebetssprache in der Liturgie, Ostfildern 2002.
- Zink, Jörg, Wie wir beten können, Stuttgart [8]1978.

Quellenverzeichnis

Trotz umfangreicher Recherchen war es uns in Einzelfällen nicht möglich die Rechteinhaber zu ermitteln. Wir bitten um Hinweise an den Verlag, anfällige Honoraransprüche werde gerne nachträglich abgegolten.

Textnachweise

S. 62: Gloria, Ehre sei Gott: © 2008 Musik und Wort, D-84544 Aschau a. Inn, aus Liederbuch „Lied der Hoffnung", Partitur im Notenheft „Eingeladen!"/ aufgenommen auf CD „Eingeladen!", beides © Musik und Wort.

S. 101: Großer Gott, wir loben dich, aus: Gotteslob. Katholisches Gebet- und Gesangbuch, Nr. 257.

Bei Sinnen sein zu sich und zu Gott finden

Ganzheitliche Wege persönlichen Betens in Schule und Gemeinde
Konrad Bürgermeister, Marieluise Moser, Andrea Wirth
(Paperback, 144 Seiten)
5.Auflage, 2007

ISBN 978-3-933047-03-8

Preis: 10,12 €

Wenn..., dann Gott

Neue Anregungen zu Gebet und Besinnung
Konrad Bürgermeister, Manuel Stinglhammer
(Paperback, 144 Seiten, 50 sw-Abbildungen)
3. Auflage, 2008

ISBN 3-937438-12-2

Preis: 10,00 €

Verlag Josef Duschl
Bestellung unter: Tel: 09903/8236 - Fax: 09903/942007
bestellung@verlag-duschl.de - www.verlag-duschl.de